W0062958

Besuchen Sie uns im Internet:

www.steinkopf-verlag.de

Frank Maibaum

»KLEINER SCHATZ, ICH SAG DIR WAS«

Der Elternratgeber mit Profitipps
und »guten Worten« für Ihr Kind

J. F. Steinkopf Verlag

Frank Maibaum,
Jg. 1949, ist Diplom-Pädagoge und Pfarrer in
Waltrop bei Dortmund. Er war 1975–1991 Mit-
glied der Deutschen Gesellschaft für Verhaltenstherapie (DGVT) und hatte 1978–1982 einen
Lehrauftrag für Verhaltensbeobachtung und Ge-
sprächsführung an der Fachhochschule Dortmund.

Im Steinkopf Verlag hat er bereits »Das Gottesdienstbuch«, »Das Zeitbuch« und »Das Traubuch«
(gemeinsam mit Verena Schmidt) veröffentlicht.
Näheres hierzu auf den beiden letzten Seiten.

Inhaltsverzeichnis

ISBN 3-7984-0764-9

© J. F. Steinkopf Verlag, Kiel 2003
Alle Rechte vorbehalten
Printed in Germany

Zur Einstimmung

Man mag bedauern, dass es für den Umgang mit Kindern keine „Rezepte", keine „Gebrauchsanweisung" gibt. Doch bei genauer Betrachtung merkt man, dass das gut so ist; denn Gebrauchsanweisungen funktionieren nur im Umgang mit Gegenständen. Kinder jedoch sind zum Glück Wesen mit Wünschen, Hoffnungen, Ängsten, Träumen, Zielen und allem, was „lebendig sein" ausmacht – und mit einer prägenden Lebensgeschichte, auch im jüngsten Alter schon. So ist der Umgang mit Kindern – wie mit Menschen überhaupt – immer ein Experiment. Experiment nicht in dem negativen Sinne des „Herumexperimentierens", bei dem man nicht weiß, was schließlich herauskommt, sondern Experiment in dem positiven Sinne, dass man immer wieder neu beobachten muss, wie das eigene Verhalten vom Kind verstanden wird und was es bei ihm bewirkt. Immer wieder neu muss man auch das Kind verstehen. Wie jedes menschliche Wesen möchte es geliebt, anerkannt, ernst genommen werden, möchte es Ziele verwirklichen und erfolgreich sein.

Für viele konkrete Situationen finden Sie hier Informationen und Ratschläge. Wir alle wissen aber auch, dass gute Erziehung nicht nur dadurch gewährleistet wird, dass Erwachsene ein ausführliches Wissen über Kinder und über wichtige Erziehungsfragen besitzen. Erziehung ist zwischenmenschlicher Kontakt, und so spielen dabei in besonderer Weise persönliche Einstellungen und Emotionen eine Rolle, die in den gewählten Worten, der Mimik, der Gestik, der Körperhaltung ihren Ausdruck finden.

Bei allem guten Willen mangelt es uns Erwachsenen oftmals schlichtweg an „guten Worten", an verständnisvollen Fragen, an liebevollem Schweigen – eben an „kommunikativer Kompetenz", wie das die Fachleute nennen. Daher ist es ein besonderes Merkmal dieses Buches, dass wir Ihnen gute Worte „in den Mund legen" – Worte und Sätze, die in wörtlicher Rede hervorgehoben sind.

Verweilen Sie beim Lesen besonders bei dieser wörtlichen Rede. Sprechen Sie Sätze laut nach. Sind das Sätze, die Sie im alltäglichen Umgang mit Kindern sprechen können? Suchen Sie Ihre eigenen Formulierungen! Beobachten Sie sich selbst und andere beim Sprechen. Wie wirken Ihre Worte? Kommt auch mit Ihrer Gestik, Mimik, Körperhaltung hinüber, was Sie ausdrücken wollen?

Das soll in Ihrem Sprechen mit Kindern jedenfalls deutlich werden: Wir sind Partner, nicht Gegner! – Ich möchte dich verstehen! – Ich möchte, dass du mich verstehst! – Ich möchte Regeln nicht nur setzen, sondern begründen und für dich verstehbar machen! – Ich möchte neue Regeln mit dir gemeinsam finden! – Ich möchte, dass wir uns einigen! – Wenn ich etwas kritisiere, so sind es die Handlungen, die ich ablehne; ich lehne nicht dich als Person ab! – Ich mag dich!

So nehmen Sie bitte das vorliegende Buch nicht als Rezeptbuch, sondern eher als eine Anleitung zum „Experiment Erziehung". Wenn es Ihnen gelingt, einen ständigen Prozess des miteinander Redens, Suchens und Verstehens, des neu Beginnens, des sich Respektierens und des sich ernst Nehmens in Bewegung zu halten, so wird das Ergebnis sicherlich ein gutes für Sie und Ihr Kind sein.

Frank Maibaum

Schimpfen:
Gibt es eine andere Möglichkeit?

Was Sie wissen sollten:

➡ Schimpfen führt nicht zum gewünschten Verhalten.
➡ Schimpfen bewirkt keine Einsicht.
➡ Durch Schimpfen wird Ihr Kind in seiner Entwicklung gehemmt.

Schimpfen hat zur Folge,

➡ dass das unerwünschte Verhalten sich verfestigt,
➡ dass das unerwünschte Verhalten zunehmend häufiger auftritt,
➡ dass das Verhalten aus Angst unterdrückt wird,
➡ dass Ihr Kind das bestrafte Verhalten insbesondere dann zeigt, wenn Sie es nicht bemerken.

Oftmals schimpfen Erwachsene, wenn ein Kind sich ungeschickt verhält. Doch bei Ungeschicklichkeit und Missgeschicken ist es angebracht, Verständnis zu zeigen und zu helfen. Ihr Kind wächst in die Welt hinein, so wie Sie in neue Aufgaben hinein wachsen – auch Sie sind froh, wenn Ihnen dann jemand beisteht. Ihr Kind soll seine Fähigkeiten entfalten und weiter entwickeln. Dabei ist hinderlich, wenn es eingeengt und zurückgedrängt wird. Seien Sie geduldig bei schwierigen Aufgaben; überfordern Sie das Kind nicht, lassen Sie es in kleinen Schritten lernen. Erklären Sie die richtige Verhaltensweise und machen Sie diese vor, geben Sie ein Beispiel oder führen Sie die Hand:
»Ja, ich weiß, das ist sehr schwierig – komm, ich helfe dir!«

Geschieht dem Kind ein Missgeschick bei einer Aufgabe, die es eigentlich schon bewältigen kann, so machen Sie deutlich, dass das jedem – auch Ihnen – passieren kann:
»Oh, das passiert schnell, da muss man ganz vorsichtig sein. Komm, ich helfe dir!«

Erklärungen sind immer sinnvoller als Schimpfen oder andere Strafen. Denken Sie nicht, Ihr Kind sei zu dumm, etwas zu verstehen. Nehmen Sie sich die Zeit und machen Sie sich die Mühe, etwas zu erklären. Lernen Sie, sich Ihrem Kind mit einfachen Worten verständlich zu machen:

»Wenn du den Löffel so hältst, dann kleckert es nicht.«

Bedenken Sie auch, dass Ihr Zureden, Ermahnen, Fordern und Erklären auch seine Grenzen hat. Manche Eltern reden den ganzen Tag auf ihr Kind ein. Das ist ebenso ungünstig wie das Schimpfen, denn das Kinder schaltet irgendwann ab. Lassen Sie Fehler einfach auch mal zu.

Das Schimpfen ist zumeist sehr gut gemeint. Eltern schimpfen aus Sorge um ihr Kind, weil sie Angst haben, es könnte ihm etwas passieren, wenn es solche Fehler macht. Doch Angst oder Ihr Ärger sollte Sie nicht überwältigen. Behandeln Sie Ihr Kind wie einen guten Partner; sprechen Sie über Ihre Angst und Sorge. Wenn Sie Ihr Kind vernünftig behandeln (also seine Vernunft ansprechen), wird es vernünftig werden:

»Ich mache mir doch solche Sorgen um dich, wenn du zu spät kommst; darum erwarte ich, dass du auf dem kürzesten Weg nach Hause gehst. Kannst du meine Angst verstehen?«

In einer Gefahrensituation greifen Sie sofort ein. Danach erklären Sie ruhig den Ernst der Situation. Bleiben Sie dabei sachlich! – Das ist besonders wichtig. Schimpfen Sie jetzt nicht und überhäufen Sie das Kind andererseits nicht mit Liebesbekundungen wie Streicheln, Drücken, Küssen (aus Freude darüber, dass ihm dennoch nichts passiert ist). Das Kind darf nicht lernen: „Man liebt mich nur, wenn ich einer Gefahr entkommen bin." Denn dann wird es sich immer wieder in Gefahr begeben, um Ihre Liebe zu spüren oder Sie emotional aufzuwühlen.

»Ich kann nicht zulassen, dass du auf die Straße läufst, ohne dich zu vergewissern, dass kein Fahrzeug kommt. Das ist zu gefährlich. Du musst erst stoppen und dann schauen! Komm, wir machen das mal gemeinsam.«

Zeigt Ihr Kind häufiger Verhaltensweisen, über die Sie sich sehr ärgern, so achten Sie genau auf Ihre Reaktion: Manche Kinder provozieren das Schimpfen der Eltern ganz bewusst, denn sie empfinden diese emotionale Reaktion als gut tuende Zuwendung. Das klingt paradox, doch es ist so. Desto weniger ein Kind geliebt, gelobt, beachtet und ernst genommen wird, desto mehr wird es das

„Beschimpft-werden" als positiv empfinden – Wann sonst ist jemand so emotional bei ihm und „kümmert" sich so sehr? „Wenn jemand schimpft, ist wenigstens jemand da!"

Bei manchen Eltern bestimmt „schimpfen", „ermahnen", „sich erregen" den Großteil der Erziehungsarbeit. Dann bleibt kaum noch Zeit, Ruhe und Kraft, sich dem Kind liebevoll zuzuwenden. Auf diese Weise hat es keine Chance, die elterliche Aufmerksamkeit durch positive Verhaltensweisen auf sich zu lenken.

Wenn Sie merken, dass „schimpfen" einen Großteil Ihrer Erziehungstätigkeit ausmacht, so „ziehen Sie jetzt die Notbremse"! Lassen Sie sich nicht mehr reizen; ignorieren Sie jede Provokation ab sofort! Sie beachten das negative Verhalten Ihres Kindes nicht mehr! Halten Sie das durch, auch wenn Ihr Kind nun in noch stärkerem Maße versucht, Ihre Aufmerksamkeit zu erlangen. Sie beachten das unerwünschte Verhalten nicht; denn Sie dürfen darauf vertrauen, dass es nachlässt, wenn Sie konsequent bleiben. In einer ruhigen Minute (nicht in einer Situation, in der das Kind gerade Ihre Grenzen austestet) erklären Sie ihm Ihre neue Vorgehensweise partnerschaftlich:

»Du wunderst dich sicherlich, dass ich mich vorhin anders verhalten habe, als du es gewohnt bist. Ich habe festgestellt, dass ich in letzter Zeit zu viel geschimpft habe; unser Verhältnis war nicht gut. Das werde ich nun ändern. Ich werde auf Verhalten, über das ich mich bisher aufgeregt habe, nicht mehr reagieren. Dafür werde ich aber auch ganz lieb zu dir sein, wenn du dich lieb verhältst. Ich bin sicher, das wird dazu führen, dass wir uns viel besser verstehen.«

Diese „neue" Reaktionsweise Ihrerseits macht nur Sinn, wenn Sie Ihrem Kind ansonsten reichlich Zuwendung schenken und sich ihm dann sofort zuwenden, wenn es positives Verhalten zeigt – sei dieses Verhalten noch so gering. Loben Sie, streicheln Sie, laden Sie Ihr Kind zum Spiel ein:

»Das machst du sehr gut! / Gut! / Schön! / Es gefällt mir, was du da machst!«

Natürlich wird Ihr Miteinander sich nicht schlagartig ändern. Rückfälle wird es geben. Bleiben Sie aber konsequent und verhalten Sie sich immer so: Das provokative Verhalten des Kindes wird nicht wahrgenommen, positive Ansätze werden dagegen unmittelbar verstärkt.

In den Fällen, in denen Sie reagieren müssen, um Ihr Kind oder andere Beteiligte vor Schaden zu schützen: Seien Sie in Ihren Reaktionen knapp, deutlich und sachlich, und beachten Sie darüber hinaus die Grundregel, ich lasse mich nicht provozieren:

»So nicht! / Dieses Verhalten kann ich nicht akzeptieren! / Darüber wird jetzt nicht diskutiert!«

Sobald Ihnen mehrere solcher befriedigenden Situationen gelungen sind, erklären Sie dem Kind, wie glücklich Sie der Wandel im Umgang miteinander macht. Unternehmen Sie dann zur Belohnung etwas gemeinsam – etwa einen Spielnachmittag, einen Zoo- oder Kinobesuch. Dies soll etwas sein, das Ihnen und Ihrem Kind gefällt:

»Ich war oft sehr gestresst und du hast es mir auch nicht leicht gemacht. Ich bin richtig glücklich, dass wir nun so vernünftig miteinander reden können. Lass uns das feiern. Hast du Lust, dass wir am Wochenende zum Märchenpark fahren?«

Unserem Kind Grenzen setzen:
Wie gelingt uns das?

Das ganze Leben hindurch stoßen wir Menschen an Grenzen. Unsere Kraft hat Grenzen, unser Geld ist begrenzt, unsere Liebe hat Grenzen und unsere Geduld, unsere Zeit ist begrenzt, unsere Ausdauer und unsere Gesundheit – alles, was uns umgibt, birgt Möglichkeiten und Grenzen gleichermaßen. Natürlich müssen auch Kinder diese Grenzen kennen lernen, um sich in der Welt zurecht zu finden und in der Gemeinschaft zu leben.

Müssen Erwachsene den Kindern die Grenzen setzen? Und welche und wie viele Grenzen sind nötig? Verlieren Sie sich nicht in dieser Frage; sie lässt sich so nicht beantworten, denn sie ist falsch gestellt. Die Grenzen sind ja schon da! Es wäre ungeschickt, sie zu schaffen! Das Kind muss das Leben und die Welt real erfahren. Es geht nur darum, die natürlichen Grenzen nicht aus missverstandener Liebe wegzuräumen.

Manche Menschen meinen, sie müssten Grenzen schaffen, um den anderen zu erziehen. Das Ergebnis sind folgende unbrauchbare, ja schädliche Erziehungsmittel: Bestechen, Schimpfen, Drohen und sogar Schlagen. „Das Kind muss ja Grenzen spüren!", hört man als Begründung. Doch immer da, wo wir diese Grenzen setzen, treten wir in den Mittelpunkt des Geschehens – die Sache selbst verliert an Gewicht und ein natürlicher Lernprozess wird verhindert. Wenn ein Erwachsener droht, schimpft, etwas wegnimmt oder das Kind einschließt, erkennt es keine Grenze, sondern die Lieblosigkeit oder Hilflosigkeit des Erwachsenen. Sein Vertrauen zu diesem Menschen wird beschädigt. Ein Kind will sich gerne von Grenzen einschränken lassen, denn es lernt gern; es will sich jedoch nicht vom Willen der Erwachsenen beherrschen lassen, denn es strebt (und das ist sehr gesund) nach Eigenständigkeit und Mündigkeit; es möchte erwachsen werden.

Ein Sprichwort sagt: „Das gebrannte Kind scheut das Feuer." Diese Volksweisheit verdeutlicht, wie ein Kind durch natürliche Grenzen lernt: Wenn es zu schnell läuft, stürzt es; wenn es nicht essen will, hat es später Hunger; wenn zu laut schreit, wenden sich die Menschen ab; wenn es schlägt, ist es allein.

Wo immer es möglich ist, lassen Sie das Kind die natürlichen Folgen seines Verhaltens spüren. Nehmen Sie diese einsichtigen Grenzen nicht weg. So merkt es selbst, dass es sich demnächst anders verhalten muss, um diese Folgen zu vermeiden. Versuchen Sie nicht, den Lerneffekt durch Erklärungen zu verstärken, denn das wird vom Kind schnell missverstanden, als seien Sie für die natürliche Folge verantwortlich.

Vermitteln Sie dem Kind nicht den Eindruck, dass Sie sich über diese Grenzen freuen oder sie sogar absichtlich setzen. Enthalten Sie sich aller entsprechenden Kommentare. Das ist also daneben: „Jetzt siehst du, was du davon hast!" oder „Das ist die Folge, wenn man sich so verhält!" Bleiben Sie sachlich, d.h. nehmen auch Sie die „Folgen" als natürlich hin und zeigen Sie ggf. Verständnis für den „Schmerz", den Ihr Kind ausdrückt:

»Ich weiß, das tut weh! / Das tut mir auch Leid! / Ich hätte dich gern davor bewahrt.«

Nicht alle Grenzen kann das Kind selbst erkunden. Bei vielen Verhaltensweisen treten die Folgen erst spät auf oder sind zu gefährlich, als dass das Kind die Grenzen selbst austesten kann. So kann es nicht unendlich oft mit dem Karussell fahren oder so viel Süßigkeiten essen, wie es gern möchte. Denn begrenzt sind: das Geld, das es zu verdienen und zu verwalten gilt; die Gesundheit, die ein kostbares Gut ist; die Zeit, die es einzuteilen gilt, damit man sich nicht verzettelt. Erklären Sie dem Kind solche natürlichen Grenzen liebevoll, damit es nicht den Eindruck gewinnt, es wären nur Ihre Launen. Gehen auch Sie sorgsam mit diesen Gütern um und geben Sie dem Kind immer wieder Einblick in Ihre Einteilungen und verantwortungsvollen Entscheidungen; denn das Kind lernt in erster Linie durch Ihr Beispiel:

»Sieh mal, unser Geld ist auch begrenzt; gerne würden wir … Doch wir müssen uns unser Geld einteilen und da können wir uns eben manches nicht leisten. / Weil ich dich lieb hab, kann ich das gar nicht zulassen, denn du würdest dich hinterher ganz übel fühlen. / Sieh mal, der Zeiger der Uhr läuft immer weiter; so haben wir nur begrenzte Zeit, die wir uns einteilen müssen. Wir müssen jetzt losgehen, wenn wir um 11.00 Uhr wieder zu Hause sein wollen.«

Damit das Kind lernt, sich in der Welt zurecht zu finden, legen Sie mit ihm gemeinsam Regeln fest, die für das alltägliche Miteinander nötig sind. Diese Regeln sollten so sein, dass sie erfüllbar sind – überfordern Sie das Kind nicht. Solche Reglungen können sein:

Zwischen den Mahlzeiten gibt es nichts zu Essen. Die Sesamstraße wird erst eingeschaltet, wenn das Haustier versorgt ist. Das nächste Spiel wird erst begonnen, wenn das andere weggeräumt ist. Süßigkeiten gibt es nur, wenn regelmäßig die Zähne geputzt werden. Die Mittagsruhe der Eltern wird in der Zeit von 14.00 bis 15.00 unbedingt beachtet.
Das Kind sollte sehen, dass auch für Sie Regeln gelten.

Der alte Satz des Philosophen Kant, „Die Freiheit eines Menschen endet dort, wo die Freiheit des anderen beginnt!", ist auch heute noch richtig und wichtig. Ein Kind soll durchaus lernen, dass es nicht schlagen darf, den anderen Menschen nicht tyrannisieren kann, das Eigentum des anderen achten soll, den Eltern Ruhezeiten gewähren muss und vieles mehr.
Es lernt dies durch die Folgen: Wer geschlagen wird, geht weg, der Schläger ist einsam; den man beherrschen will, der wendet sich ab; was man absichtlich kaputt macht, hat man nicht mehr, es wird auch nicht ersetzt:
»So nicht! / Da mache ich nicht mit! / Wir haben das Spiel nicht mehr, es ist kaputt!«

Vergessen Sie nicht: Das Kind ist Ihr Partner, nicht Ihr Feind oder Sklave! Bleiben Sie sachlich! Beherrschen Sie Ihre Launen. Vorwürfe, Häme, Ironie, Aggressionen sind im Umgang mit Kindern immer fehl am Platz. Erklären Sie viel partnerschaftlich; besprechen Sie Reglungen und die Folgen ihrer Missachtung. Bleiben Sie dabei „demokratisch", das heißt: Das gute Argument zählt – nicht Ihre Kraft und geistige Überlegenheit. Oft sind auch Sie selbst im Irrtum; seien Sie lernfähig, gestehen Sie sich Fehler ein. Haben Sie keine Scheu davor, aufgestellte Regeln neu zu überdenken. Bilden Sie sich in Erziehungsfragen weiter – entsprechende Elternzeitschriften und Ratgeber sind in dieser Zeit mit Sicherheit wichtiger als manche Illustrierte oder die tägliche Boulevardzeitung.

Raum für Notizen:

Sexueller Missbrauch:
Wie behüten wir unser Kind?

Die Gefahr, Opfer von sexuellen Übergriffen zu werden, ist geringer bei Kindern, die

→ selbstbewusst sind,
→ selbstständige Entscheidungen fällen können,
→ energisch Nein sagen mögen,
→ wissen, was sie wollen,
→ sprachlich gewandt sind,
→ in einer sexuell offenen Atmosphäre aufwachsen.

In den weitaus meisten Fällen von sexuellem Missbrauch stammen die Täter aus dem Verwandten- oder Bekanntenkreis des Opfers.

Aufgrund dieser Erkenntnisse und zahlreicher Forschungsergebnisse legen wir Ihnen folgende Ratschläge ans Herz:

Wo immer es möglich ist, lassen Sie Ihr Kind mitreden und mitentscheiden: »Was meinst du, welche Schuhe sollten wir kaufen?«

In Situationen, wo Fehlentscheidungen nicht folgenschwer sind, geben Sie zwar Ratschläge, lassen dann aber das Kind selbst entscheiden. Seien Sie hinterher nicht hämisch, wenn es nicht die beste Wahl getroffen hat: „Na siehst du, ich habe es ja vorher gewusst!" Es lernt von selbst durch die natürlichen Folgen seiner Handlungen.
»Ich meine zwar, dass du Hunger haben wirst, wenn du das Butterbrot nicht mitnimmst – aber wenn du es unbedingt nicht mitnehmen willst, o.k.; probier es, vielleicht bekommst du keinen Hunger.«

Nehmen Sie dem Kind die vielen kleinen Entscheidungen, die im Laufe des Tages zu fällen sind, nicht ab. Nehmen Sie sich die Zeit, immer wieder die sinnvollen Handlungsalternativen zu nennen:

»Einen Pullover musst du schon anziehen, denn es ist draußen sehr kalt – möchtest du lieber den blauen oder den roten?«

Lassen Sie Widerworte zu – begründen Sie Ihre Entscheidungen und regen Sie das Kind an, Gründe für seine Wünsche zu formulieren:
»Ich bin sicher, dass jetzt nicht mehr genug Zeit ist, mit Ingo zu spielen; in einer halben Stunde gibt es Mittagessen und dann bist du ganz traurig, wenn ich dich dann schon wieder rufe. Können wir uns denn irgendwie einigen?«

Kommen Sie dem Kind entgegen, wenn es gute Gründe für seine Handlungen hat. Wenn Sie sich gegen den Willen des Kindes durchsetzen müssen, sprechen Sie später ruhig über die Situation. Machen Sie deutlich, dass zwischen Ihnen nicht der Zwang des Stärkeren herrscht, sondern der „zwanglose Zwang" eines guten Argumentes:
»Lass uns noch einmal über den Streit reden, den wir heute Früh hatten. Ich habe gemerkt, dass du sehr enttäuscht warst. Aber ich bitte dich zu verstehen, dass ich nicht anders entscheiden konnte.«

Behandeln Sie es bei Entscheidungen immer so, als sei es schon reifer, als es wirklich der Fall ist. Lassen Sie es mitsprechen wie einen gleichberechtigten Partner. So fördern Sie sein Selbstbewusstsein und seine Selbstständigkeit:
»Gut, dass ich jemanden habe, der mitdenkt.«

Machen Sie grundsätzlich deutlich, dass auch Erwachsene Fehler machen, dass ihr Handeln nicht immer gut ist und sie nicht immer Recht haben. Kinder dürfen Erwachsene auch auf Irrtümer und Fehlentscheidungen hinweisen. Scheuen auch Sie sich nicht, andere Erwachsene auf offensichtliche Fehler hinzuweisen; und geben Sie somit Ihrem Kind immer ein gutes Beispiel:
»Das finde ich nicht richtig, dass Sie den Müll einfach auf die Straße werfen.«

Besprechen Sie mit dem Kind, dass es ein Recht darauf hat, selbst zu bestimmen, was mit seinem Körper geschieht. Es soll selbst entscheiden, ob es berührt, liebkost, gestreichelt, geküsst werden möchte. Überreden Sie es nicht, Liebkosungen, die es als unangenehm empfindet, hinzunehmen. Drängen Sie es nicht mit Bemerkungen wie „Opa mag dich doch so gern".
»Wenn du nicht magst, dass dir jemand ein Küsschen gibt, darfst du es gerne sagen. Das muss dann jeder akzeptieren.«

Üben Sie mit dem Kind ein, wie es sich verhalten kann, wenn ihm die üblichen Liebkosungen nicht recht sind:
»Ich möchte nicht gedrückt werden. / Ich mag jetzt nicht schmusen, jetzt jedenfalls nicht.«

Erklären Sie den Verwandten und Bekannten, warum Sie Ihr Kind dazu erziehen, über seinen Körper selbst zu bestimmen.
Auch Sie selbst als Eltern sollten das kindliche Recht auf Selbstbestimmung über seinen Körper beachten. Bedrängen Sie das Kind nicht! Fordern Sie nicht körperliche Nähe – wie Zärtlichkeit, Drücken, Schmusen, Kuscheln. Achten Sie sensibel darauf, was das Kind mit seiner Körpersprache ausdrückt:
»Ich merke, du magst das jetzt nicht; sag ruhig: „Ich möchte jetzt meine Ruhe haben!"«

Sprechen auch Sie selbst offen über Ihre Gefühle – dem Kind und dem Partner oder der Partnerin gegenüber (im Beisein des Kindes):
»Du hast mich schon lange nicht mehr in den Arm genommen – das vermisse ich. / Es ist schön, so zu kuscheln. / Du, Schatz, ich möchte jetzt nicht schmusen, mir ist nicht danach.«

Leben Sie Gleichberechtigung von Mann und Frau, von Mädchen und Jungen vor. Schaffen Sie eine Atmosphäre der gegenseitigen Wertschätzung.
Zurückhaltende, schüchterne, „gefügige", „stille" Mädchen sind auffallend häufiger Opfer von Sexualtaten als selbstbewusste, energische, die genau wissen, was sie wollen. Erziehen Sie ein Mädchen daher nicht in eine vermeintlich „typische Mädchenrolle". Also nicht: „So sind Mädchen nicht!" – „Mädchen sind aber lieber!" – „Mädchen sagen solche Worte nicht!"
»Sag ruhig, was deine Meinung ist! / Du darfst gerne widersprechen!«

„Typische Jungen", die sich durchsetzen, die sich nichts gefallen lassen, die zurückschlagen, geben sich oft selbst die Schuld, wenn sie Opfer sexueller Übergriffe werden. Sie meinen, sie hätten sich wehren müssen, und mögen nicht über ihre vermeintliche Schwäche reden. Erziehen Sie einen Jungen daher nicht in eine „typische Jungenrolle". Also nicht: „Ein Junge weint nicht!" – „Sei keine Memme!"
»Ja, ich finde es gut, wenn du deine Gefühle zeigst. / Es ist sehr sinnvoll, dass du deine Schwächen auch zugibst. / Weine ruhig, wenn dir danach ist, halte deine Tränen nicht zurück.«

Machen Sie sich in Fragen der Sexualerziehung sachkundig; verheimlichen Sie Ihrem Kind diesen Bereich nicht. Täter machen sich Unwissenheit und natürliche Neugier von Kindern zunutze:

»Du möchtest gern wissen, warum Jungen da anders sind – ich erkläre es dir gerne.«

90 % aller sexuellen Vergehen an Kindern geschehen durch nahe Verwandte und Bekannte. Hören Sie offen zu, wenn das Kind Sympathie und Antipathie äußert. Natürlich gibt es viele andere Gründe, warum ein Kind nicht mit jemandem allein sein möchte; doch versuchen Sie die Gründe zu besprechen, nutzen Sie ruhige Momente dafür. Beschwichtigen Sie nicht vorschnell („Ach, der ist doch ganz in Ordnung!"):

»Komm, sag mir, was los ist. / Es scheint dich ja zu belasten. / Können wir darüber reden?«

Schaffen Sie ein Vertrauensverhältnis zum Kind. Es soll sich immer an Sie wenden können – auch mit peinlichen Fragen. Nehmen Sie sich Zeit; hören Sie zu. Achten Sie die Sorgen des Kindes, auch wenn sie Ihnen nur gering erscheinen. So wird es schon die Anfänge ungebührlicher sexueller Annäherungen offen mit Ihnen ansprechen:

»Ich sehe es dir doch an, dich bedrückt etwas. Magst du darüber sprechen. Ich nehme mir Zeit für dich.«

Erklären Sie, dass es „gute" und „schlechte" Geheimnisse gibt – gute machen Freude und sind spannend; schlechte sind belastend. Rechnen Sie damit, dass Ihr Kind dann Sie fragt, welche denn Ihre Geheimnisse als Kind waren. Ihre aktuellen Geheimnisse verraten Sie natürlich nicht – dann wären es ja keine mehr. Schön wäre es natürlich, wenn Sie doch ein kleines Geheimnis haben, das Sie ihm dann anvertrauen:

»Es ist gut, wenn du kleine Geheimnisse hast; denn es gibt schöne Geheimnisse, die Freude machen. Manche erzählt man dann nicht einmal den Eltern, die kennt nur der beste Freund oder die Schwester; solche kleinen Geheimnisse hatte ich als Kind auch. Es gibt aber Geheimnisse, die bedrücken; das sind keine guten Geheimnisse, die sollte man schnell jemandem erzählen, den man mag.«

Ihr Kind muss wissen, dass dies unbedingt gilt:

→ Mit fremden Personen gehe ich nicht mit,
→ zu fremden Personen steige ich nicht ins Auto,
→ ich sage immer, wo ich hingehe,
→ ich gehe nicht anderswo hin als abgesprochen,
→ ich bin immer pünktlich zurück,
→ ich entferne mich nicht von einer Gruppe.

Ihr Kind muss wissen, wie es sich bei Gefahr verhält – schreien, um Hilfe rufen, weglaufen:
»Das ist nicht meine Mutter! / Hilfe, der Mann ist ein Fremder!«

Lassen Sie Anschrift, Telefonnummer (ggf. auch von der Arbeitsstelle) auswendig lernen. Zeigen Sie, wie Sie telefonisch zu erreichen sind. Klären Sie, was es zu tun hat, wenn es verloren geht. Vereinbaren Sie einen Treffpunkt, wenn Sie in belebten, unübersichtlichen Warenhäusern oder Geschäftsstraßen sind:
»Wenn wir uns aus den Augen verlieren, brauchst du keine Angst zu haben. Es kann nichts passieren. Ich bin bestimmt in der Nähe, wenn du mich nicht mehr siehst. Dann gehst du sofort zu der Frau an der Kasse dort – die hilft dir bestimmt weiter. Komm, wir gehen mal dorthin.«

Üben Sie im „Rollenspiel" das Verhalten in Gefahrensituationen:
„Ich habe mich verlaufen!" – „Ein fremder Mensch spricht mich an!" – „Jemand will mich mit sich locken!" – „Meine Eltern sind in der Menschenmenge verloren gegangen!":
»Komm, wir spielen das mal. Es passiert hoffentlich nicht wirklich. Aber es ist immer gut, darauf vorbereitet zu sein. Dann brauchst du keine Angst zu haben; denn du weißt dann ja, was du tun kannst. Ich spiele ein Kind, das sich im Kaufhaus verlaufen hat – spielst du die Verkäuferin?«

Raum ✍ für Notizen:

Sexualerziehung / Aufklärung:
Wie und ab wann ?

Sexualität ist weit mehr als „Kindermachen". Liebe, Zärtlichkeit, körperliche Nähe, Schmusen, die Sehnsucht nach Nähe – all das und noch viel mehr gehört dazu.

Sexualität kommt nicht plötzlich ab einem bestimmten Alter; sie gehört zum Menschen vom ersten bis zum letzten Atemzug. Wenn sie so natürlich ist, sollte man auch natürlich mit ihr umgehen, denn sonst betrügt man sich und sein Kind.

Sexualerziehung darf nicht nur verstanden werden als „Aufklärung" darüber, wie Kinder entstehen. Sie ist keine „Belehrung", keine einmalige Aktion, sondern ständiger Teil des Zusammenlebens.

Seien Sie „zärtlich" zum Kind und auch mit dem Partner bzw. der Partnerin, wenn das Kind dabei ist. Brechen Sie Zärtlichkeiten nicht ab, wenn das Kind dazu kommt. Bei Liebesfilmen oder Sexszenen im Fernsehen schalten Sie nicht „peinlich berührt" schnell weg. Sprechen Sie nicht „hinter vorgehaltener Hand" über Sex. Ihr Kind soll nicht den Eindruck erhalten, dies sei etwas Schlechtes oder Geheimes.

Der Sexualakt ist etwas Intimes. Natürlich schaffen Sie sich dafür den entsprechenden „Raum", zu dem das Kind keinen Zugang hat. Sie bewahren es selbstverständlich auch vor entsprechenden und insbesondere pornografischen Darstellungen in Zeitschriften und im Fernsehen. Erschrecken Sie aber nicht, und schimpfen Sie nicht, wenn das Kind Sie beim Sex überrascht oder Sexszenen versehentlich zu sehen bekommt. Nutzen Sie die Gelegenheit, das Kind „aufzuklären":

»Das ist sehr verwirrend für dich. Denn du kannst dir gar nicht erklären, was da geschieht. Ich möchte es dir gerne erklären.«

Sorgen Sie für ein Vertrauensverhältnis, in dem das Kind offen mit Fragen zu Ihnen kommt. Es dürfen auch „peinliche" Fragen sein. Beantworten Sie diese einfach und mit Ihren natürlichen Worten. Das soll kein ausgefeilter Vortrag sein. Ihr Kind wird schon nachfragen, wenn es etwas nicht versteht. Wenn Ihnen etwas peinlich ist oder Ihnen die Worte fehlen, so sagen Sie das offen und bitten ggf. um Bedenkzeit. Bestärken Sie das Kind aber darin, solche Fragen zu stellen: »Es ist gut, dass du diese Frage stellst; ich weiß jetzt im Augenblick gar nicht, wie ich dir das erklären soll. Heute Abend nach dem Essen nehmen wir uns Zeit, dann kann ich dir das in aller Ruhe erklären. Ist das o.k. so?«

Zum Beginn der Schulzeit sollte ein Kind spätestens über Sex und Schwangerschaft Bescheid wissen. Verlangt Ihr Kind nicht von selbst Erklärungen, so regen Sie entsprechende Gespräche an. (Eine Schwangerschaft im Bekanntenkreis ist immer ein guter Ansatzpunkt.) Es hört sonst einseitige Darstellungen und entwickelt verzerrte Bilder. Berichtigen Sie falsche Vorstellungen. Es ist für uns Erwachsene oftmals nicht einfach, dafür Worte zu finden – vielleicht sehen Sie sich ein entsprechendes Bilderbuch, das Ihnen Erzieherinnen empfehlen, gemeinsam an und beantworten dazu Fragen.

Beziehen Sie sich bei Erklärungen zur Sexualität nicht auf das Verhalten von Tieren. Menschliche Sexualität ist weit vielfältiger und eingebunden in ein Beziehungs- und Gefühlsnetz, als dass es durch einfache Vergleiche mit dem Verhalten von Tieren erfasst werden könnte.

Ein Beispiel, wie Sie die Frage „Wie entstehen Kinder?" beantworten können: »Wir liegen dann nackt ganz nah beieinander – Papa und ich. Dazu sind wir allein, damit niemand uns stört; das geht auch keinen etwas an – nur uns zwei. Wir streicheln und umarmen uns. Das ist sehr schön und es kribbelt bei mir im ganzen Körper. Meine Lippen möchten dann küssen, und mein Körper möchte gestreichelt werden. Papas Penis wird größer und fest, er ist dann nicht mehr so weich, wie er normalerweise beim Pipimachen ist. Auch meine Scheide verändert sich: Sie wird feucht. / So ist das bei Mann und Frau, wenn sie „Sex miteinander haben". Wenn die Frau es möchte, kann der Mann dann den Penis in die Scheide stecken. Man nennt das auch: miteinander schlafen. / Das Gefühl wird bei beiden ganz stark, so als wenn einem schwindlig wird – aber sehr schön. Dann kommt aus dem Penis ein bisschen weiße Flüssigkeit. Nein, nicht wie Pipi, viel weniger und anders – weiß, fast wie Milch. Das nennt man Sperma. In diesem Sperma sind viele Samenzellen, ganz klein; sie finden einen Weg bis zu einer Eizelle, die tief im Körper der Frau ist. Wenn die Samenzelle und die Eizelle zusammenkommen, dann kann daraus ganz langsam ein neues Kind wachsen.«

Sprechen Sie darüber, dass die Vereinigung den Partnern Freude macht und auch miteinander geschieht, wenn man kein Kind mehr möchte; dass Empfängnis verhütet werden kann und dass Kondome auch benutzt werden, um sich vor Krankheiten zu schützen:
»Wenn wir das nur miteinander tun würden, wenn wir ein Kind möchten, dann wäre das ja so selten; dazu macht es zu viel Spaß. Da müssen wir allerdings aufpassen, dass das Sperma nicht bis zur Eizelle kommt, sonst hättest du schon viel zu viele Geschwister.«

Zeigen Sie auf, dass viel Verantwortung damit verbunden ist, ein Kind zu zeugen:
»Das Kind muss ja jemanden haben, der es liebt und der für es da ist. Besonders schön ist es, wenn das Vater und Mutter gemeinsam sind und beide gern ein Kind möchten und sich so sehr lieben, dass sie ganz lange zusammenbleiben möchten.«

Raum für Notizen:

Computer:

Soll unser Kind schon lernen, damit umzugehen ?

Es ist faszinierend, wie schnell schon Vorschulkinder lernen, den PC zu bedienen, die Maus zu steuern und mit einfachen Programmen umzugehen. Die ersten Lernerfolge stellen sich schnell ein. Beobachtet man dies, so ist man geneigt zu sagen: „Je früher, desto besser." Doch dieser Eindruck täuscht sehr. Alle Untersuchungen zeigen eindeutig, dass Kinder, die schon sehr früh – im Vorschul- und Grundschulalter – zu „kleinen Experten" am PC werden, schnell an die Grenzen ihrer Fähigkeiten gelangen, mit zunehmendem Alter zurückbleiben und leicht von den Kindern „überholt" werden, die erst viel später ihre „erste Liebe" zum PC entdecken.

Als ideales Einstiegsalter hat sich erst das elfte/zwölfte Lebensjahr erwiesen. Die Kenntnisse und Fertigkeiten der „Früheinsteiger" bleiben oftmals oberflächlich und auf den Umgang mit Spielen oder einfacher Software beschränkt.

Die häufig geübte Praxis, bei einer PC-Neuanschaffung in der Familie das alte Modell dem Kind ins Zimmer zu stellen (damit es schon mal üben kann), schadet eindeutig der Entwicklung des Kindes. Ein Vorschulkind sollte noch keinen eigenen PC besitzen. Spielen und Lernen muss zunächst im Kontakt mit Menschen geschehen. Nur wenn die „reale Welt" erfolgreich erforscht und verstanden wird, kann später die „virtuelle Welt" eine sinnvolle Bereicherung sein. Sicherheit im Malen mit Stiften auf Papier, im Rechnen mit „fassbaren" Gegenständen, im Spielen mit lebendigen Partnern und Geschicklichkeit sowie Reaktionsvermögen im Hantieren mit realen Gegenständen und traditionellen Spielgeräten ist Voraussetzung und gute Grundlage für einen sinnvollen Gebrauch von Malprogrammen, Rechenprogrammen und PC-Spielen.

Ihr Kind wird also kein PC-Muffel und verpasst nicht den Anschluss an die elektronische Welt, wenn es noch ohne Tastatur und Bildschirm auskommt.

Es gibt andere Gründe dafür, dass schon jetzt die ersten Kontakte zwischen Ihrem Kind und PC hergestellt werden können – da sind zum Beispiel die vielen anderen Kinder, die schon von ihren Erfolgen am PC erzählen und Ihr Kind fühlt sich zurückgesetzt; da verbringen Sie z.B. viel Zeit am PC und Ihr Kind fühlt sich ausgeschlossen; da hat es schon Erfahrungen mit dem Game-Boy gemacht und möchte seine Möglichkeiten erweitern. Halten Sie Ihr Kind nicht mit Macht vom PC fern. Verbieten ist auch hier kein sinnvolles pädagogisches Mittel. Doch Sie müssen einige wichtige Ratschläge befolgen; denn mit dem Computer ist es wie mit anderen Medien auch: Sie sind nur sinnvoll, wenn man pädagogisch gut mit ihnen umgeht – tut man das nicht, so haben sie sehr negative Wirkung.

Beschränken Sie die Zeit, die Ihr Kind vor dem PC verbringt, auf ein Minimum – 30 Minuten täglich sind schon reichlich. Nehmen Sie die zeitliche Beschränkung ernst; ein Vorschulkind ist – noch mehr als ein älteres Kind oder gar ein Jugendlicher oder Erwachsener – in einer Entwicklungsphase, wo es Bewegung braucht, frische Luft und Wechsel der Sinneseindrücke (Sehen, Hören, Fühlen). Die kleinen „Computerkids" leiden schnell an Muskelverspannungen, Rücken-, Kopf- und Muskelschmerzen, Ausschlag im Gesicht, Schwellungen der Augenlider, Wahrnehmungsstörungen und Augenflimmern. Tun Sie das den zarten Körpern nicht an.

Die Zeit an der Tastatur darf nicht zu Lasten des Umgangs mit anderen Medien (Fernsehen / Bilderbücher / Zeitschriften / Puzzle) gehen; zu einer Einschränkung kreativer Tätigkeiten (Malen, Basteln, Spielen) darf es nicht kommen, und es ist tragisch, wenn der PC zum Ersatz für mangelnde Zuwendung seitens der Eltern oder für fehlende gemeinsame Freizeitaktivitäten wird.

Die mitmenschlichen Kontakte sollen durch die Beschäftigung mit dem PC nicht leiden. Ihr Kind darf sich nicht vor den Bildschirm flüchten, um Langeweile, Einsamkeit, Enttäuschungen, Misserfolge, Unsicherheit zu bewältigen. Sehen Sie zu, dass es sich mit anderen Kindern austauscht (mit ihnen spielt, über Kenntnisse am PC spricht, Tipps weitergibt, Programme tauscht); organisieren Sie Treffen der Kinder am PC. Zeigen auch Sie selbst (oder andere Familienmitglieder) reges Interesse, damit das Kind am PC nicht vereinsamt. Die PC-Nutzung kann sehr wohl sozial eingebunden gestaltet werden, und nur so kann sie sinnvoll sein.

Lassen Sie sich von Erzieherinnen und vom Personal in Fachgeschäften oder PC-Abteilungen der Kaufhäuser altersgerechte Programme empfehlen; solche kommen zunehmend auf den Markt. So gibt es Geschicklichkeitsspiele, Mathematik- und Malsoftware für Vorschulkinder. Ansprechende Programme aus den Redaktionen „Sendung mit der Maus" und „Löwenzahn" werden angeboten; auch Benjamin Blümchen, Bibi Blocksberg und andere Idole der Kinder sind auf CD-Rom erhältlich. Beachten Sie hier die Altersangaben, die auf den Verpackungen guter Programme jedenfalls angegeben sind.

Stehen Sie vor der Wahl, einen Game-Boy bzw. eine Videospiel-Konsole oder einen PC anzuschaffen, so entscheiden Sie sich doch für den PC (der dann allerdings nicht im Kinderzimmer steht). Damit bleibt Ihr Kind nicht auf die Nutzung von Spielen beschränkt, sondern kann auf eine Vielfalt von Programmen zugreifen. Nein, ein Computer ist nicht unbedingt teurer als eine Spielekonsole; denn auf den „Schnäppchenseiten" der Tageszeitungen finden Sie sehr günstige gebrauchte Hardware. Erkundigen Sie sich, ob der Bildschirm den Strahlenschutzvorschriften entspricht (das ist nur bei uralten Modellen nicht der Fall). Viel später, wenn Ihr Kind weit längere Zeit vor dem Bildschirm verbringt, sollten Sie sich um den besten Bildschirm, handgerechte Tastatur und wirbelsäulenfreundliche Sitzmöglichkeit kümmern. Aber schon jetzt: Sorgen Sie für Tageslicht; der Bildschirm muss parallel zum Fenster stehen (dass das Tageslicht weder in die Augen noch auf den Bildschirm scheint) – solche scheinbaren Kleinigkeiten sind ganz wichtig. Informieren Sie sich daher regelmäßig durch Fachzeitschriften und tauschen Sie Wissen mit anderen interessierten Eltern aus.

Es versteht sich von selbst, dass Sie Ihr Kind vor Kriegs- und Gewaltspielen bewahren und den PC so sichern, dass es nicht ohne Ihr Beisein Zugang zu Programmen und Informationsquellen hat. (Möchten Sie sich über problematische Spiele besonders informieren, so wenden Sie sich an die „Bundesprüfstelle für jugendgefährdende Schriften" in Bonn). Hat Ihr Kind ungeeignetes Material versehentlich zu sehen bekommen (z.B. Internetseiten geöffnet, die obszön oder gewaltverherrlichend sind), so machen Sie kein „Drama" daraus – sprechen Sie mit dem Kind darüber, klären Sie, was daran so abstoßend ist; es hat viel mehr Empfinden dafür, als wir Erwachsenen oft meinen.

Raum ✎ für Notizen:

Das Geheimnis glücklicher Kinder:
Gibt es das **?**

„Wie können wir unser Kind optimal fördern?" Diese Frage wird uns so oder ähnlich immer wieder gestellt. Wir können antworten: Sorgen Sie dafür, dass es ein zufriedenes, ausgeglichenes, glückliches Kind ist – das ist die beste Grundlage für ein erfolgreiches Leben.

Der Schlüssel für den späteren Erfolg in der Schule, im Freundeskreis und dann auch im Berufs- und Privatleben liegt in der Tat im Elternhaus. Hier entscheidet sich schon früh, wie ein Mensch mit sich selbst und den Widrigkeiten des Lebens umgeht und ob er Beziehungen zu anderen Menschen erfolgreich gestalten kann. Die hier gelegten emotionalen Grundlagen sind es, die einen Menschen glücklich oder unglücklich machen. Weit mehr als die Intelligenz (gemessen mit dem Intelligenzquotienten – IQ) sind es die gefühlsmäßigen, emotionalen Stärken (gemessen mit dem Emotionsquotienten – EQ), die den Erfolg eines Menschen bestimmen. Emotionen (Gefühle) beengen unsere Fähigkeiten oder erweitern sie beträchtlich.

Auf Ihnen (den frühen, engen Kontaktpersonen des Kindes) liegt daher eine große Verantwortung. Dabei geht es in erster Linie darum, dass Sie ein positives Verhältnis zum Leben vermitteln. Natürlich stoßen wir Menschen immer wieder an Grenzen – an Grenzen der Gesundheit, des Geldes, der Liebe, der Geduld, der Geborgenheit, an Grenzen des Mutes, der Kraft, des Wissens, der Hoffnung. Wie mit diesen Widrigkeiten und Anforderungen des Lebens und des Zusammenlebens in der Familie umgegangen wird, prägt ein Menschenleben.

Ja, es gibt das immer wieder gesuchte Geheimnis glücklicher Kinder. Doch es muss kein Geheimnis mehr sein; die Wissenschaften vom Menschen (die Erziehungs- und Sozialwissenschaften und die Psychologie) haben es schon gelüftet.

Stellen wir uns als Erwachsene, die mit Kindern umgehen, doch der Verantwortung und nutzen wir die Chance, Kinder glücklich zu machen.

Hier ist das Geheimnis. Wir haben es zusammengefasst in „zwölf Regeln für Eltern, die ihre Kinder glücklich machen wollen". (Grammatisch haben wir die Form der zweiten Person gewählt – das „Paulinische Du", das nach dem Beispiel der biblischen Briefe des Apostels Paulus immer dann benutzt wird, wenn freundschaftliche Ratschläge gegeben werden.):

1. Sei gut zu dir selbst!
2. Erkenne deine Gefühle und zeige sie angemessen!
3. Achte die Gefühle anderer!
4. Bleibe immer fair!
5. Liebe dein Kind um seiner selbst willen!
6. Schenke deinem Kind Regelmäßigkeit und Verlässlichkeit!
7. Sei konsequent; markiere die Grenzen!
8. Trage Verantwortung!
9. Pflege Religiosität!
10. Schaffe angenehme Situationen und fördere positive Einstellungen!
11. Traue dem Kind stets mehr zu, als es aufgrund des Alters und der Fähigkeiten zu leisten vermag!
12. Sprich viel mit deinem Kind!

Diese „zwölf Glücksregeln" erläutern wir Ihnen nun näher:

Zu 1) Das heißt: Sorge dafür, dass du genug Zeit für dich selbst hast. Du hast ein Recht auf genügend Schlaf, Entspannung, Sport, Liebe – bestehe auf deine Rechte. Lege ggf. energisch Wert darauf, dass deine Ruhezeiten, dein Hobby, deine sozialen Kontakte respektiert werden. Ziehe dich, wenn du für dich sein möchtest, in einen Raum zurück, wo niemand dich gegen deinen Wunsch stören darf. Bei der Verwirklichung deiner Interessen und Träume musst du nicht hinter den anderen Familienmitgliedern zurückstehen. Du darfst dich nicht immer nur aufopfern. Sprich mit dem Partner/der Partnerin, einem Freund/einer Freundin regelmäßig über deine Ansprüche, Wünsche, Träume, Hoffnungen, Enttäuschungen und Belastungen. Sobald du spürst, dass du mehr unzufrieden als glücklich bist, wende dich auch an geeignete Berater, mit denen du deine Situation besprechen kannst. Solche Personen können sein: ein guter Freund bzw. eine gute Freundin, der Hausarzt, Geistliche der Kirchengemeinde, Berater in Ehe-, Familien-, Lebensberatungsstellen. Also: **Sei gut zu dir selbst! – Denn nur, wenn du dich wohlfühlst, kann das auch dein Kind.**

Zu 2) Das heißt: Schau im Laufe des Tages immer wieder „in dich hinein". Erforsche dich selbst. Frage dich jeden Tag: Wie fühle ich mich? – Was erfreut mich? – Was bedrückt mich? Sprich über deine Emotionen immer wieder, jedenfalls nicht nur dann, wenn du außerordentlich bedrückt, erfreut, zornig, ängstlich bist, denn die besonders starken Gefühlsregungen in Ausnahmesituationen beeinträchtigen dein Kind. Nur wenn das Sprechen über Gefühle zum Alltag wird, wird dein Kind auch Ausnahmesituationen mit besonders starken Gefühlsregungen verarbeiten können. Also: **Erkenne deine Gefühle und zeige sie angemessen! – Denn nur, wenn du einen ständigen Zugang zu deinen eigenen Gefühlen hast, ehrlich damit umgehst und sie zeigen kannst, wird auch dein Kind ein gesundes Gefühlsleben entwickeln.**

Zu 3) Das heißt: Es muss dir wichtig sein, wie es den Menschen in deiner Umgebung geht. Interessiere dich für ihre Gefühle. Fühle dich in andere Menschen ein. Beobachte genau und höre gut zu. Nimm nicht dich zum Maßstab aller Gefühle, sondern verstehe und respektiere, was Menschen über ihre eigenen Gefühle und Motivationen äußern. Übe immer wieder, einfach nur still – aber mit deiner ganzen Person – da und nah zu sein. Halte dich mit Worten ruhig zurück und lege deine ganze Kraft in das Zuhören und Verstehen. Übe, auch wortlos zu spüren, ob jemand deine Nähe und deine Zärtlichkeit braucht oder ob er gern allein sein möchte. – „Gefühle achten" heißt, sie zu erkennen und auch zu respektieren. Solche Achtsamkeit ist das Zentrum der Emotionalen Intelligenz und Grundbedingung für die erfolgreiche Gestaltung zwischenmenschlicher Beziehungen. Also: **Achte die Gefühle anderer! – Denn so lernt dein Kind, sich nicht nur um das eigene Ich zu drehen.**

Zu 4) Das heißt: Rede in erster Linie gut über andere Menschen. Wird über sie hergezogen (ein Volkssport in Nachbarschaften, am Arbeitsplatz und selbst in Familien), so beteilige dich nicht. Suche das Positive am anderen Menschen und hebe es hervor. Hab keine Scheu, übler Nachrede zu widersprechen. Wo angegriffen wird, da verteidige; wo verurteilt wird, da entschuldige. Werbe für Verständnis, wo die Schwächen betont werden.
Schnelle Verallgemeinerungen und üble Übertreibungen in Bezug auf die negativen Seiten anderer Menschen bringe auf die Ebene der Realität. Sei selbstkritisch und gib eigene Fehler zu. Lass Kritik an dir zu – auch von deinen Kindern; aber bestehe auch dir gegenüber auf Fairness und Sachlichkeit. Also: **Bleibe immer fair! – Denn nur dann lernt dein Kind, sich selbst und andere zu achten und anderen Menschen mit Wertschätzung zu begegnen.**

Zu 5) Das heißt: Mach deine Liebe zum Kind nicht von seinem Verhalten oder seiner Leistung abhängig. Zeige deinem Kind nicht: „Wenn du dich vorbildlich verhältst, dann mag ich dich besonders!" – Nein, du magst dein Kind so oder so. Nicht: „Wenn du gute Leistung erbringst, dann liebe ich dich!" – Nein, du liebst es bedingungslos, mit seinen Schwächen, Fehlern, Unzulänglichkeiten. Liebe ist grundsätzlich bedingungslos, sonst ist es keine Liebe. Liebe kennt keine Berechnung. Echte Liebe ist nicht eigennützig. Dein Kind braucht echte Liebe. Sei also nicht eines Fehlverhaltens wegen „den ganzen Tag böse". Erzwinge nicht durch „Liebesentzug" oder durch „Liebesbezeugungen" ein gewünschtes Verhalten. Eine Handlung ist vielleicht schlecht, nicht das Kind; eine Leistung ist vielleicht mangelhaft, nicht das Kind. Mache das auch sprachlich deutlich. Nicht: „Du bist schlecht", sondern: „Diese Handlung kann ich nicht akzeptieren", nicht: „Du bist aber lieb", sondern: „Das hast du aber gut gemacht". Also: **Liebe dein Kind um seiner selbst willen! – Denn nur so kann es zu einer eigenständigen, selbstbewussten Persönlichkeit heranreifen und selbst fähig werden zu lieben.**

Zu 6) Das heißt: Gib dem Tag, der Woche, dem Monat und dem Jahr eine Struktur. Sorge grundsätzlich für gleichbleibende, wiedererkennbare Tagesabläufe mit bestimmten Höhepunkten (wie gemeinsame Essenszeiten / Zeit fürs Fernsehen / Gute-Nacht-Geschichte), für wiederkehrende Ereignisse in der Woche (wie Spaziergang / Taschengeldausgabe / gemeinsames Kochen), im Monat (wie Besuch bei Verwandten / Einkaufsbummel), im Jahr (feiere die Feste). Gib deinem Kind immer wieder einen Überblick über die zu erwartenden Geschehnisse. Gib auch dem Zusammenleben eine Struktur: Sei zuverlässig, halte ein, was du versprochen hast, sei gleichbleibend in deinen Reaktionen – nicht launisch. Diese Struktur ist wichtig, denn dein Kind muss wissen, was die Umwelt erwartet und wie sie reagiert; es muss die Reaktionen auf sein eigenes Verhalten einschätzen und vorhersehen können. Nur dann kann es sich orientieren. Es muss sich auf die Mitmenschen verlassen können. Nur so kann es sich geborgen fühlen. Also: **Schenke deinem Kind Regelmäßigkeit und Verlässlichkeit! – Denn nur so kann sein Geist sich gesund entfalten.**

Zu 7) Das heißt: Lege – gemeinsam mit dem Kind und den anderen Familienmitgliedern – Richtlinien und Verhaltensregeln für das Zusammenleben fest. Halte dich selbst an die Abmachungen und achte darauf, dass sie auch von den anderen Beteiligten eingehalten werden. Äußere deine Erwartungen deutlich; zeige auf und begründe, welche Verhaltensweisen du nicht akzeptieren kannst.

Also: **Sei konsequent; markiere die Grenzen!** – **Denn nur so kann dein Kind ein sicheres, anerkanntes Sozialverhalten entwickeln.**

Zu 8) Das heißt: Zeige Mitgefühl und Verantwortungsbereitschaft, wenn Menschen, Tiere und die Umwelt leiden. Setze dich mit Worten und Taten für Gerechtigkeit, Frieden, Bewahrung der Schöpfung ein. Sei selbstlos aktiv in einem Verein, einer Bürgerinitiative, in der Kirchengemeinde, einer Initiativgruppe oder politischen Partei. Beteilige dich im Elternrat, in der Schulpflegschaft, bringe dich bei Wohltätigkeitsveranstaltungen oder Hilfsaktionen ein, und sprich mit deinem Kind über die Motive. Also: **Trage Verantwortung!** – **Denn nur dann wird dein Kind im Leben Verantwortung übernehmen bei der Bewältigung gemeinsamer Aufgaben.**

Zu 9) Das heißt: Zeige deinem Kind, dass die Welt und der Mensch einer größeren Macht unterstellt sind, dass das Leben ein Geschenk ist, das es zu achten gilt, dass es sich Gott anvertrauen kann mit allem, was es bewegt, dass Menschen mit Schwächen behaftet, aber geliebt und liebenswert sind. Also: **Pflege Religiosität!** – **Denn nur dann wird dein Kind Demut und Dankbarkeit entwickeln.**

Zu 10) Das heißt: Achte darauf, dass es viele Situationen gibt, in denen dein Kind glücklich und gefühlsmäßig ausgeglichen ist und sich geborgen fühlt. Sorge dafür, dass nicht Eifer, Eifersucht, Enttäuschung, Zank, Missgunst, Ärger, Hass, Nachtragen, Undankbarkeit überwiegen. Schaffe Situationen, in denen man sich verzeiht, sich versöhnt, dankbar ist, sich entschuldigt, Zuneigung zeigt. Versuche Positives hervorzuheben. Träume, phantasiere, lache, schweige viel gemeinsam. Schimpfe nicht viel; wecke dein Kind mit einem Lächeln; sage ihm häufig „ich mag dich", „hab ich dir heute schon gesagt, dass wir stolz auf dich sind? / wir uns freuen, dass es dich gibt?". Wenn es das Haus verlässt, dann soll es wissen, dass du dich darauf freust, wenn es wieder nach Hause kommt, und es selbst soll sich darauf freuen können. Also: **Schaffe angenehme Situationen und fördere positive Einstellungen!** – **Denn dann wird dein Kind sich körperlich und psychisch ausgeglichen entwickeln.**

Zu 11) Das heißt: Behandle es grundsätzlich wie einen gleichberechtigten Partner. Nimm es ernst; beteilige es an Entscheidungen. Das drückt sich insbesondere in deinem sprachlichen Umgang mit dem Kind aus: Vermeide Vorwürfe, Herabwürdigungen, Bevormundungen. „Das kannst du nicht!", sollte nicht überwiegen, sondern: „Ich trau dir das zu!" – „Ich zähl auf dich!" – „Probier es aus!" Lass es selbst viele Erfahrungen machen – auch durch Irrtümer lernt es. Also: **Traue ihm stets mehr zu, als es aufgrund des Alters und der Fähigkeiten zu leisten vermag – denn nur so kann es selbstständig werden.**

Zu 12) Das heißt: Begleite Handlungen mit Worten, erkläre, was du tust, siehst, planst. Finde auch für deine Gefühle Worte. Höre ebenso zu, und drücke mit Worten aus, was du verstehst. Also: **Sprich viel mit deinem Kind – denn nur mit einem Repertoire an Worten kann es die Umwelt und sich selbst erkennen und verstehen.**

Wir wissen: Diese „zwölf Glücksregeln" sind nicht immer leicht zu erfüllen. Sie sind die Beschreibung eines Idealzustandes; sie sind also eine Zielformulierung, die zur Orientierung dient. Sie werden natürlich hinter diesen Idealen zurück bleiben. Das soll Ihnen kein schlechtes Gewissen machen. Aber messen Sie die eigene „Erziehungspraxis" immer wieder an diesen Regeln und richten Sie Ihr Handeln daran aus.

In einer Atmosphäre, die so geprägt wird, lernt ein Kind

➡ eigene Gefühle zu beobachten und zu erkennen,
➡ über eigene Probleme, Gefühlslagen, Tag- und Nachtträume zu sprechen,
➡ „nonverbale Gefühlsäußerungen" anderer Menschen (allein an Mimik, Stimmlage, Haltung, Gestik) zu deuten,
➡ mitzufühlen, andere zu trösten und sich für sie einzusetzen,
➡ Beziehungen aufzubauen und zu pflegen,
➡ Enttäuschungen zu verkraften,
➡ Konflikte ruhig und besonnen anzugehen,
➡ eigene Bedürfnisse zu kontrollieren und die Befriedigung ggf. aufzuschieben,
➡ optimistisch der Zukunft entgegenzublicken.

Diese Fähigkeiten werden seit einigen Jahren im Begriff „Emotionale Intelligenz" zusammengefasst (gekennzeichnet mit dem EQ). Sie entscheidet maßgeblich über Erfolg oder Scheitern im Leben – so ist die Emotionale Intelligenz weit entscheidender als die bisher für so wichtig angesehene Intelligenz (gekennzeichnet mit dem IQ).

Musik:

Ab wann kann unser Kind ein Instrument erlernen **?**

Die musikalische Erziehung ist für die Entwicklung von Kindern besonders bedeutsam. Forschungen belegen: Schulischer Erfolg und der Erfolg im Leben überhaupt werden sehr unterstützt durch ein gut entwickeltes musikalisches Empfinden.

Dazu muss Ihr Kind noch nicht das Spielen eines Instrumentes erlernen. Zu frühe und zu große Erwartungen an die Leistungen des Kindes zerstören seine Motivation eher. Zunächst sollten Sie es allgemein musikalisch fördern. Denn nur, wenn die nötigen Grundlagen gelegt sind, wird Ihr Kind einen Bezug zu einem Musikinstrument aufbauen können. Förderlich ist, viel gemeinsam zu singen, Geräusche zu machen, Töne zu entdecken, Rhythmus zu üben.

Dem Baby haben Sie schon Lieder vorgesungen; mit dem Kleinkind haben Sie gemeinsam Lieder gelernt. Singen und der spielerische Umgang mit Liedern sollte weiterhin fester Bestandteil Ihres gemeinsamen Tuns sein.

Benutzen Sie einfache Liedtexte; lassen Sie sich im Kindergarten beraten. Ideal ist es, wenn Sie ein Liederbuch benutzen, das auch im Kindergarten in Gebrauch ist. Sprechen Sie mit dem Kind über die Texte; erklären Sie Inhalte mit eigenen Worten; sprechen Sie darüber, warum wohl gerade dieses Wort benutzt wurde und welche anderen Worte es dafür gibt.

Lassen Sie sich die Lieder, die im Kindergarten gelernt wurden, vom Kind mit allen Bewegungen vorsingen; wenn diese dann mit Ihnen gemeinsam gesungen werden, motiviert das Ihr Kind besonders:

→ Summen Sie einzelne Strophen oder singen Sie ohne Text auf „lalala".
→ Summen Sie mit, wenn Ihr Kind singt, und lassen Sie Ihr Kind zu Ihrem Gesang mitsummen.
→ Erraten Sie spielerisch gesummte Melodien oder geklatschte Rhythmen.

→ Summen Sie einen Ton vor, und das Kind versucht ihn ebenfalls zu treffen. Reihen Sie in dieser Weise nach und nach (jeweils einen Ton zusätzlich) Töne aneinander und lassen Sie die Tonfolgen vom Kind „nachsummen".

Begleiten Sie den Tag mit Liedern:

→ Wecken Sie Ihr Kind hin und wieder mit einem typischen Morgenlied.
→ Umrahmen Sie das Essen oft mit einem Tischlied.
→ Beenden Sie den Tag mit einem Abendlied.
→ Begleiten Sie den Sonnenschein, den Regenbogen, die Wanderung, den Zoobesuch mit Liedern, die Sie zu diesen verschiedenen Anlässen einüben.

Nutzen Sie immer wieder auch Gelegenheiten, wo das Kind Sie beim Singen intensiv ansieht (wenn Sie an seinem Bett sitzen oder gemeinsam am Tisch), damit es die Mundbewegung sieht. Gewöhnen Sie sich an, den Mund erkennbar zu öffnen und die Worte mit den Lippen deutlich zu formen.
Spielen Sie „Worte erraten", die mit den Lippen lautlos geformt werden.

Sprechen Sie Verse gemeinsam – auch in verschiedenen Geschwindigkeiten. Erfinden Sie Bewegungen zum Lied; drücken Sie den Inhalt in Gestik, Mimik und Haltung überzeugend aus.

Fördern Sie das Gefühl für Rhythmus und Melodie, indem Sie zum Lied klatschen, hüpfen, tanzen, trommeln (z.B. mit einem Stock auf alte Töpfe oder mit einem Löffel auf unterschiedlich gefüllte Gläser), Töne machen (indem Sie z.B. in Flaschenhälse blasen).

Basteln Sie miteinander einfache Instrumente:

→ zum Schütteln – Körner in unterschiedlichen Dosen,
→ zum Schellen – Kronkorken in der Mitte mit einem kleinen Loch versehen (mittels Milchdosenlocher) und auf einen Draht gezogen,
→ zum Zupfen – Gummis über ein Brett oder einen Hohlkörper gespannt.

Erzieher/innen bzw. Musiklehrer/innen geben Ihnen sicherlich gern weitere hilfreiche Ratschläge. Leihen Sie sich in der Stadt- bzw. Kirchenbibliothek Bücher mit entsprechenden Anleitungen aus – regen Sie dort ggf. die Anschaffung solcher Literatur an.

Bilden Sie mit der Familie oder Kindergruppe ein kleines „Orchester", das mit improvisierten „Instrumenten" ein Lied klatschend, klopfend, summend, schnalzend, stampfend begleitet.

Falls Sie selbst nicht singen können oder sich selbst als ausgesprochen unmusikalisch bezeichnen, so vernachlässigen Sie dennoch nicht die musikalischen Anregungen. Benutzen Sie Hilfsmittel; singen Sie die Lieder zur Kassette oder CD. Viele Liederbücher für Kinder gibt es gleich mit einem dazugehörigen Tonträger.

Es ist gut, wenn Ihr Kind schon lernt, einen Kassettenrekorder oder CD-Player zu bedienen. Schenken Sie ihm zu verschiedenen Anlässen geeignete Kassetten bzw. CDs. Es kann durchaus schon ein eigenes Abspielgerät und eine kleine Sammlung bespielter Tonträger besitzen.

Als erstes Instrument schenken Sie dem Kind ein einfaches Glockenspiel/Xylophon und motivieren Sie es spielerisch zum kreativen Umgang damit:

➡ Sie spielen einen Ton vor, wobei das Kind nur zuhört, jedoch nicht sieht, welcher Ton angeschlagen wurde – es versucht nun den richtigen Ton aufzufinden.
➡ Sie bauen einfache Melodien auf, indem Sie mit einem Ton beginnen und jeweils einen weiteren hinzufügen – Ihr Kind wiederholt Tonfolge für Tonfolge und lernt so in kleinen Schritten eine Melodie.
➡ Sie summen eine kurze Notenfolge vor – es versucht diese kleine Melodie nachzuspielen.

Bevor Sie sich für ein bestimmtes Instrument entscheiden, zeigen Sie dem Kind, welche Vielfalt verschiedener Möglichkeiten es gibt. Bitten Sie Verwandte, Bekannte, Nachbarn, die ein bestimmtes Instrument spielen, es Ihrem Kind vorzuführen. Besuchen Sie gemeinsam Musikveranstaltungen, wie sie von Musikvereinen, Musikschulen und Kirchengemeinden angeboten werden. Schauen Sie dort bei Proben und Unterrichtsstunden zu.

Mancherorts gibt es spezielle Kurse für Eltern und Kind, in denen verschiedene Instrumente vorgestellt und erläutert werden. Fragen Sie bei der Familienbildungsstätte, in der Volkshochschule, der Kirchengemeinde danach oder regen Sie – am besten gemeinsam mit anderen Eltern – einen entsprechenden Kurs bei einem der Bildungsträger an.

Haben Sie ein bestimmtes Instrument in die engere Wahl gezogen, so lassen Sie sich vor dem Kauf noch von Fachleuten erklären, was bei der konkreten Auswahl zu bedenken ist.

Bei der Entscheidung für ein Instrument muss auch bedacht werden, ob es in Ihrer Nähe Menschen gibt, die Ihr Kind ansprechend unterrichten können. Informieren Sie sich über die Angebote und beachten Sie, wie andere Kinder und Eltern mit den Lehrpersonen zufrieden sind.

Begleiten Sie dann den Unterricht mit regem Interesse. Freuen Sie sich mit dem Kind über Lernfortschritte und bedenken Sie: Die Motivation bei Ihrem Kind wird gefördert, wenn Sie kleine, in überschaubarer Zeit erreichbare Ziele setzen und mit Anerkennung und Erfolgserlebnissen nicht sparen.

Stellen Sie beim Singen und Musizieren nicht den Lerneffekt, sondern den „Spaßfaktor" in den Mittelpunkt; das Lernen geschieht selbstverständlich – aber nebenbei.

Ein „Kann-Kind":

Sollen wir unser Kind schon einschulen ?

In den meisten Bundesländern gilt die Reglung: Kinder, die bis zum 30. Juni sechs Jahre alt werden, sind schulpflichtig; haben sie erst zwischen dem 1. Juli und dem 31. Dezember Geburtstag, so können sie schon eingeschult werden, wenn eine Untersuchung die Schulreife bestätigt. Dieser Schulreifetest wird üblicherweise in der Schule von der Schulleitung durchgeführt.

Waren die Schulleitungen bei der Aufnahme dieser „Kann-Kinder" früher zurückhaltender und empfahlen den Eltern schnell, noch ein Jahr zu warten, so ist in den letzten Jahren der Trend festzustellen, Kinder schon eher aufzunehmen. Die endgültige Entscheidung für die Einschulung von „Kann-Kindern" liegt jedenfalls bei den Eltern.

Informieren Sie sich vor Ort über die genauen Reglungen zur Schulpflicht sowie über die Bestimmungen und Vorgehensweisen für „Kann-Kinder".

Die Entscheidung fällt vielen Eltern nicht leicht. Auch Sie werden sich viele Fragen stellen, wie:

➡ Wollen wir unserem Kind nicht doch lieber noch ein Jahr Kindergartenzeit gönnen?

➡ Sollen wir ihm noch ein Jahr ohne Schule schenken, damit es noch viel Zeit zum Spielen hat?

➡ Wird es den intellektuellen und sozialen Anforderungen in der Schule schon gerecht werden können?

➡ Ist es im Umgang mit anderen Kindern schon so sicher, dass es sich in der Schulklasse behaupten kann?

➡ Wenn dann der Leistungsdruck kommt, wird es dem standhalten?

➡ Wenn es jetzt schon eingeschult wird, hat es erst mal ein Jahr gewonnen und kann später ohne zeitlichen Verlust auch mal eine Klasse doppeln. Ist das ein Argument oder sollen wir lieber auf Nummer Sicher gehen?

➡ Wird es ihm nicht langweilig werden, wenn es noch ein Jahr im Kindergarten verbringt?

Bei folgenden eindeutigen Gegebenheiten sollten Sie sich die Entscheidung nicht unnütz schwer machen:

➡ Wenn Ihr Kind im Vergleich mit den Gleichaltrigen auffällige Defizite in der Entwicklung (in der körperlichen, emotionalen oder sozialen Entwicklung) aufweist, so sollten Sie eine frühere Einschulung nicht in Erwägung ziehen, auch nicht, wenn Ihr Kind doch schon „so gerne zur Schule ginge". Hier gilt es, gemeinsam mit Erziehern, Pädagogen und ggf. den dafür bereitgestellten Beratungsstellen zu überlegen, wie Ihr Kind so gefördert werden kann, dass es dann im nächsten Jahr den Anforderungen gerecht wird.
➡ Wenn Ihr Kind gern in die Schule gehen möchte und vom Erziehungspersonal des Kindergartens sowie von der Schulleitung (bzw. den prüfenden Schulpsychologen) als eindeutig schulreif bezeichnet wird, so gibt es keinen Grund, noch ein Jahr zu warten.

So einfach wie bei diesen beiden Beispielen ist es allerdings zumeist nicht. Weist Ihr Kind eine für sein Alter durchschnittliche Entwicklung auf, so kann niemand mit Sicherheit vorhersagen, wie es sich in der Schule „machen" wird. Entscheiden Sie nicht nur nach Ihren eigenen Wünschen. Um eine größtmögliche Sicherheit und eine gute Grundlage für Ihre Entscheidung zu erhalten, bleibt nur, dass Sie möglichst viele Informationen und Stellungnahmen einholen.

Sprechen Sie mit den Erzieherinnen und Erziehern des Kindergartens, den Fachleuten, die Ihr Kind kennen oder getestet haben, und den anderen Familienmitgliedern. Beantworten Sie dabei gemeinsam folgende Fragen über Ihr Kind:

➡ Kann es für einige Stunden von den Eltern getrennt sein, ohne darunter zu leiden?
➡ Kann es sich selbst an- und ausziehen?
➡ Kann es allein zur Toilette gehen?
➡ Kann es Zahlen und einfache Formen nachmalen?
➡ Kann es mit Bastelmaterial wie Schere, Klebstoff, Pappe, Papier umgehen?
➡ Kann es einfachen Bastelanleitungen folgen?
➡ Kann es bis zehn zählen und die Zahlen kleinen Mengen von Gegenständen zuordnen?
➡ Kann es eine Stunde lang konzentriert an einem Thema arbeiten?

- Kann es seine Anliegen zurückstellen und auf die sofortige Befriedigung seiner Wünsche verzichten (Impulskontrolle)?
- Kann es sich in eine größere Gruppe von Kindern einordnen?
- Kann es fehlerfrei sprechen?
- Kann es eine kurze Geschichte so nacherzählen, dass der Handlungsstrang erkennbar bleibt?
- Sind im Kindergarten die Förderungsmöglichkeiten ausgeschöpft?
- Würde es sich bei einem weiteren Verbleib im Kindergarten unausgelastet fühlen?
- Möchte es selbst schon gern in die Schule gehen?

Können die vorstehenden Fragen bejaht werden, dann sollten Sie die Einschulung guten Gewissens anstreben.

Bleiben Zweifel, so holen Sie noch ein Gutachten einer schulpsychologischen Beratungsstelle ein. Bitten Sie dort frühzeitig um einen Termin.

Sind die Ratschläge, die man Ihnen gibt, nicht eindeutig, bestehen geringe Bedenken oder geben unterschiedliche Personen gegensätzliche Stellungnahmen über die Schulreife Ihres Kindes ab, so kommt es besonders darauf an, mit wie viel Freude und Engagement Sie, die anderen Familienmitglieder und Ihr betroffenes Kind selbst das „Abenteuer Schule" angehen mögen und können. Jüngere Kinder und Kinder mit Schwächen brauchen förderliche Zuwendung in besonderem Maße. Ihr Kind muss positiv zur Einschulung stehen; die Familie muss Zeit aufbringen, die Schulerlebnisse mit dem Kind zu besprechen; mittags muss eine Vertrauensperson da sein, die zuhört; am Nachmittag muss jemand mit Geduld den Lernstoff besprechen und die Hausaufgaben betreuen.

Gibt es Zweifel an der Schulreife und sind auch die Möglichkeiten der Familie, das Kind zu unterstützen, eingeschränkt, dann sollten Sie mit der Einschulung jedenfalls noch warten. Solche Einschränkungen der familiären Möglichkeiten sind z.B.:

- Es ist das älteste Kind, und Sie müssen sich noch sehr um kleinere Geschwister kümmern.
- Kein Elternteil hat nach der Schule und am Nachmittag Zeit.
- Die Familie ist „zerbrochen".
- Eine Krise belastet das Familienleben.

Das Jahr sollten Sie nutzen, die Bedingungen zu optimieren.

Folgende Erkenntnis mag Ihnen den Schritt, die Einschulung noch hinauszuschieben, erleichtern: Statistische Ermittlungen belegen, dass Kinder, die früh eingeschult werden, im Vergleich mit regulär eingeschulten nahezu doppelt so häufig in der Schule zurückbleiben, Probleme bekommen und schließlich zumindest eine Klasse wiederholen müssen. Mangelnder Erfolg in den ersten Schuljahren und ein „Sitzenbleiben" ist eine außerordentliche psychische Belastung für das Kind und die Familienatmosphäre.

Unser Kind ist ein kleiner Tyrann:
. Was sollen wir nur tun **?**

Lassen Sie nicht zu, dass Ihr Kind Sie oder andere „tyrannisiert". Doch bedenken Sie auch: Kinder nehmen heutzutage die Befehle der Erwachsenen nicht mehr bedingungslos hin – das ist schon bei den Kleinen so. Setzen Sie nicht darauf, dass Sie stärker sind und alle Machtmittel in der Hand haben. Den Machtkampf verlieren Sie; er nagt an Ihren Nerven, und das scheinbar so schwache Kind findet Wege, seinen Willen durchzusetzen. Unterliegt es dennoch, so wird es „Rache" üben – und sei es nur dadurch, dass es z.B. einnässt oder nicht isst. Als letztes Mittel bleibt dem Kind dann noch, dass es überall versagt – von der Kindergruppe bis zur Schule. Machtkämpfe sind in der Erziehung so zerstörerisch wie in jedem anderen Lebensbereich auch. Wechseln Sie vom „Kampf" zum Gespräch:

»Was ist los bei uns, dass wir uns gegenseitig das Leben so schwer machen? Warum wollen wir mit Macht den anderen dahin bringen, wo wir ihn haben wollen?«

Erwarten Sie nicht, dass Ihr Kind den Kampf beendet. Sie sind erwachsen, man darf von Ihnen erwarten, dass Sie einen neuen Anfang ermöglichen. Bedenken Sie dabei: Es gibt in der modernen Welt glücklicherweise keine gesunde menschliche Beziehung mehr, in der akzeptiert wird, dass der eine befiehlt und der andere gehorcht. Zwar hatte die „alte Ordnung", dass der Vater der Herr in der Familie ist, auch einen Vorteil: Da war ein Rahmen, der klare Vorgaben für das Verhalten lieferte; in diesem Rahmen konnte man sich sicher bewegen, denn es gab klare Regeln. Heutzutage geht es nun darum, einen neuen Rahmen und entsprechende Regeln zu finden – ohne geht es nicht:

»Lass uns doch mal zusammen überlegen, wie wir miteinander auskommen, ohne dass wir immer gegeneinander kämpfen!«

Auch Ihr Zusammenleben braucht einen Rahmen und Regeln. Der neue Rahmen kann sein: Nur Argumente zählen. Schimpfen, Schreien, Toben und Gewalt sind keine Argumente. Das gute Argument ist der einzige „Herr im Haus" – nach ihm haben sich alle Familienmitglieder gleichermaßen zu richten:

»Komm mal in meine Arme. Ich habe einen Vorschlag: Wenn einer von uns etwas vom anderen will, begründet er seinen Wunsch; der andere hört dann gut zu und versucht den Wunsch zu verstehen.«

Erwarten Sie von Ihrem Kind, dass es seine Anliegen begründet. Solange es tobt und schreit, verweigern Sie sich als Gesprächspartner; wenden Sie sich ab:
»Solange du so tobst, werde ich dir nicht zuhören; ich bin gerne bereit, über die Sache in Ruhe zu reden. Sobald du auch bereit dazu bist, sag Bescheid.«

Wenn Ihr Kind einlenkt, so seien Sie auf keinen Fall zynisch. Zeigen Sie nicht, dass Sie nun meinen, „gewonnen" zu haben. Das ist daneben und damit machen Sie alles wieder kaputt: „Siehst du, es geht doch!" – „Warum nicht gleich so?" – „Ich wusste doch, dass du wiederkommst!" Seien Sie konsequent, aber immer wieder freundschaftlich. Versuchen Sie nun das Anliegen des Kindes zu verstehen. Es geht darum, dass es sich verstanden fühlt. Helfen Sie ihm, sich verständlich zu machen – es ist doch noch ungeübt im Argumentieren. Fragen Sie nach, wenn Sie seine Begründungen nicht verstehen; suchen Sie mit dem Kind nach möglichen Formulierungen, die deutlich machen, was es meint. Seien Sie also zunächst sein „Anwalt", und setzen Sie erst dann Ihre Meinung dagegen:
»Das macht mich sehr froh, dass wir nun darüber reden können. Ich möchte doch, dass du zu deinem Recht kommst! Verstehe ich das richtig: Du möchtest erst später, vor dem Schlafengehen, die Sachen wegräumen und jetzt sofort auf den Spielplatz gehen? Du meinst, wenn du erst später rausgehst, sind die anderen weg.«

Verzichten Sie nicht auf Ihre Forderungen; begründen Sie diese aber, und vergewissern Sie sich, ob das Kind Sie richtig verstanden hat. Seien Sie dabei nicht ablehnend, sondern helfend. Bedenken Sie in jeder Phase der Auseinandersetzung: Sie sind Partner, nicht Gegner, und Sie sind gemeinsam auf der Suche nach den sinnvollen Regeln:
»Das verstehe ich. Doch mein Problem ist, dass ich bisher festgestellt habe, dass du zum Aufräumen viel zu müde bist, wenn du vom Spielen reinkommst. Und dann stehe ich wieder mit der ganzen Arbeit da; das möchte ich nicht. Können wir uns irgendwie einigen?«

Scheuen Sie nicht, sich vom Kind überzeugen zu lassen, wenn Sie merken, dass seine Argumente stimmig oder Ihre zu schwach sind – auch das kommt sicherlich mal vor. Umso mehr wird Ihr Kind einsehen, dass es auch selbst oft im Unrecht ist:

»Ja, das stimmt, in letzter Zeit sage ich immer ganz schnell „nein". Ich denke, das liegt daran, weil so vieles bei uns schief läuft und ich den Eindruck habe, dass ich es immer ausbaden muss. Diesmal hattest du wirklich Recht; ich hatte dir gestern versprochen, dass du heute den Film sehen darfst. Also darfst du es auch – ich halte doch meine Versprechen.«

Innerhalb dieses Rahmens (Argumente zählen, keine Erpressung, nicht Stärke, Macht oder Gewalt) können gemeinsam Regeln für das Miteinander aufgestellt werden. Legen Sie Rechte und Pflichten der Familienmitglieder fest. Machen Sie deutlich, dass die Rechte anderer Familienmitglieder zu achten sind:

»Wir kommen nur weiter, wenn wir es genau regeln und uns dann an die Abmachungen halten. Ich bin sicher, dann werden wir alle viel zufriedener sein.«

Lassen Sie das Kind spüren, dass es in diesem Rahmen durchaus zu seinen Rechten kommt; denn es muss Erfolgserlebnisse haben. Erfolgserlebnisse bestärken sein neues Verhalten effektiv:

»Ja, es stimmt, in unserer Familie haben auch die Schwächeren und die Kleinen ihre Rechte, auf die sie bestehen können.«

Regelverstöße lassen Sie nicht zu. Dies brauchen Sie nun nicht mehr lange zu begründen, das ist ja schon grundsätzlich geschehen. Ihr Kind weiß noch gut, was Sie vereinbart haben. Lassen Sie sich durch ungehöriges Verhalten nicht in Diskussionen verstricken; Ihr Kind macht sonst einen Sport daraus. Hier genügen kurze deutliche Reaktionen, nach denen Sie sich dann konsequent abwenden:

»So nicht! / Du weißt, was wir abgemacht haben! / Schreien ist kein Argument!«

Sicherlich ist es nervig, dass man immer wieder neu anfangen muss, miteinander friedlich umzugehen. Doch überall, wo Menschen miteinander glücklich werden wollen, müssen erst mühsam und geduldig die Grundlagen gelegt werden. Seien Sie nun, trotz des Rückfalls, nicht längere Zeit böse; gleich, wenn das Kind angemessene Reaktionen zeigt, wenden Sie sich ihm wieder zu (natürlich ohne „Moralpredigten zu halten"). Versuchen Sie erneut, durch Austausch von Argumenten miteinander umzugehen:

»Es ist wieder schief gegangen; aber wir versuchen es noch einmal.«

Die verständnisvolle Atmosphäre können Sie zudem fördern, indem Sie dem Kind Entscheidungsspielräume lassen:

»Möchtest du die gelbe oder die blaue Hose anziehen? / Du müsstest bald mal wieder die Haare schneiden – sollen wir das heute oder erst morgen machen? / Möchtest du jetzt schon die Zähne putzen oder soll ich erst die Geschichte vorlesen? / Wir haben noch das Gemüse im Kühlschrank, es muss bald weg. Was meinst du, sollen wir es heute oder morgen essen?«

Beziehen Sie Ihr Kind – wann immer es möglich ist – in Entscheidungen mit ein. Bringen Sie Ihre Wünsche ein und sorgen Sie dafür, dass auch andere Familienmitglieder zu ihrem Recht kommen. Wechseln Sie sich doch z.B. darin ab, wer sein Lieblingsessen für den Mittagstisch vorschlagen darf, wer den Tisch deckt, den Müll rausbringt.

Geschwisterstreit:
Muss das so sein?

Streit zwischen Kindern und besonders unter Geschwistern ist ganz normal und gesund. Die Kinder lernen dadurch, ihre Interessen zu vertreten und die Interessen anderer zu achten.

Die erste Grundregel lautet also: Lassen Sie die Kinder ihren Streit austragen! Die offene Auseinandersetzung, in der ein Kind sich lautstark für seine Belange einsetzt, ist allemal besser, als dass es sich ständig frustriert zurückzieht, schmollt, verbittert und aufsässig wird oder Symptome zeigt wie Nägelbeißen oder gar Bettnässen:
»Ja, klärt das miteinander. Es ist gut, wenn jemand seinen Ärger laut sagt!«

Die zweite Grundregel lautet: Greifen Sie nicht schlichtend ein. Laufen Sie nicht bei jedem Geschrei zu Ihren Kindern. So vermeiden Sie den Streit, der nur das Ziel hat, Ihre Aufmerksamkeit zu erzwingen. Halten Sie sich zurück; so bleibt die Verantwortung für die Klärung der Auseinandersetzung bei den Kindern:
»Zieht mich da nicht hinein, klärt eure Angelegenheit allein.«

Die dritte Grundregel: Ergreifen Sie nicht Partei! Auch dann nicht, wenn die Kinder Ihre Stellungnahme verlangen oder Sie aufgrund von zu gefährlichen Handgreiflichkeiten nicht umhinkommen einzugreifen. So vermeiden Sie den Streit, mit dem die Kinder Ihren Trost, Ihre Parteiergreifung, Ihre Stellungnahme erzwingen möchten:
»Nein, ich kann nicht entscheiden, wer angefangen hat. Ich möchte nicht ungerecht sein. Ich weiß nur, dass es so nicht geht. Punkt! / Mich interessiert nicht, wer angefangen hat.«

Wenn die Kinder ungeübt im Streiten sind und wenn die Gefahr groß ist, dass es zu Verletzungen kommen kann, so beobachten Sie das Miteinander in „sicherem" Abstand mit offenen Augen und Ohren. Wenn der Streit derart eskaliert, dass es zu gegenseitigen körperlich bedrohlichen Angriffen kommt, so reagieren Sie sofort, energisch und sachlich:

»So nicht! Es darf niemand verletzt werden! Später, wenn wir uns alle beruhigt haben, werden wir klären, wie man sich streiten kann, ohne sich zu verletzen. / Nein, ich sage jetzt nichts dazu!«

Bei den kleineren Kindern, die noch völlig ungeübt im gemeinsamen Spiel sind, sitzen Sie noch dabei, um Hilfestellung zu geben. Brechen Sie dieses Spiel nicht ab, wenn eines der Kinder mal haut, beißt, kratzt, an den Haaren zieht. Doch machen Sie deutlich, dass es so nicht geht. Ihre „verneinende Reaktion" soll sich aber nur auf die kritisierte Handlung beziehen. Werden Sie also nicht persönlich und verallgemeinern Sie nicht mit Bemerkungen wie: „Du bist aber ein böses Kind!" – „Musst du denn immer schlagen?" – „Ich habe dir doch schon hundert Mal gesagt, dass du nicht kratzen sollst!" Halten Sie jetzt keine „Vorträge" über „Friedlichkeit", „Gerechtigkeit" und „Konfliktbewältigung". Eine sofortige, deutliche, kurze Reaktion – noch bevor ein anderes Kind sich handgreiflich wehrt – ist angebracht. Nehmen Sie fest die Hand des Kindes bzw. setzen Sie es zurück (wenn es sich auf den „Gegner" gestürzt hat): »So nicht! / Kratzen ist nicht erlaubt!«

Regen Sie die Einigungen an:
»Ich hab einen Vorschlag: Einer von Euch lädt die Steine auf den Laster; der andere fährt sie zur Baustelle. / Wechselt euch doch ab! – Seid ihr damit einverstanden, dass diesmal Dennis beginnt? – Dann kommt Klaus danach dran.«

Zwingen Sie keine Einigung auf, denn diese wird dann nur unter Ihrem Druck und Ihrer Aufsicht funktionieren; der Streit wird bei nächster Gelegenheit umso heftiger ausbrechen:
»Einigt euch! Sonst muss ich entscheiden; und da ich euch beide gleich gern mag und niemanden bevorzugen möchte, muss ich euch das dann wohl wegnehmen.«

Wenn Kinder ständig streiten und keine andere Umgangsform herrscht, wenn es einen Dauerverlierer gibt und einen „Dauertyrannen" oder wenn ein Kind konsequent in eine Rolle gedrängt wird, mit der es sich nicht identifizieren kann, so müssen Sie ein grundsätzliches Gespräch mit Ihren Kindern führen. Nutzen Sie dazu angenehme, ruhige Situationen, in denen es leichter fällt, sich gegenseitig zuzuhören. Dies kann sein beim gemeinsamen Essen, Kinobesuch, Familienausflug. Schaffen Sie doch solche Situationen, wenn sie sich nicht ergeben:
»Wir müssen mal darüber reden, wie wir in der Familie miteinander umgehen!«

Reden Sie in „einer ruhigen Minute" mit dem älteren, stärkeren Kind. Nehmen Sie es mit in die Verantwortung. Bitten Sie es, Ihre Bemühungen um friedliche Lösungen zu unterstützen, und überlegen Sie gemeinsam, auf welche Weise dies geschehen kann:

»Was meinst du, wie kriegen wir das hin, dass nicht immer nur Streit zwischen euch ist? Wir zwei üben das mal miteinander - ich spiele mal den Benjamin und nehme dir das Buch weg. Und du, was machst du jetzt?«

Achten Sie darauf, nicht eines der Kinder grundsätzlich zu bevorzugen. Vergleichen Sie nicht: „Wenn du mal so vernünftig wie Dennis wärst!"
Wenn Konsequenzen zu ziehen sind (Zerbrochenes aufräumen / Spiel beenden), so lassen Sie die Kinder das gemeinsam „ausbaden" - auch wenn Sie meinen, dass ein Kind eindeutig die Schuld hat:

»Ihr seid beide beteiligt, also badet es beide aus! Nein, das ist nicht ungerecht!«

Konsequenzen gemeinsam tragen - das bedeutet z.B. beim Streit um die Fernsehbedienung: Sie schalten das Gerät ab. Nein, hier wird zunächst nicht diskutiert. Wenn „die Gemüter sich beruhigt haben", legen Sie Wert darauf, dass ein gerechter Fernsehplan erstellt wird:

»Ich mache dieses ständige Theater nicht mehr mit! Ihr müsst euch frühzeitig absprechen und einigen. Die beste Möglichkeit dazu ist wohl, dass ihr einen Plan macht, bei dem jeder zu seinem Recht kommt.«

Ein Grund für Geschwisterstreit ist, dass die Kinder Ihre Aufmerksamkeit erzwingen wollen. Da Sie sich so nicht beeindrucken lassen, bedenken Sie aber unbedingt, wie Sie in positiven Situationen diese notwendige Aufmerksamkeit schenken - nur wenn Ihnen dies auch gelingt, kommen Sie einen Schritt vorwärts:

»So schön spielt ihr zusammen - das freut mich! / Sehr gut!«

Andererseits sind Kinder schlicht ungeübt, Lösungen zu finden. Sie helfen mit Ihren Ratschlägen und vor allem: Leben Sie „Streitkultur" vor. Werden Sie grundsätzlich nicht persönlich und verallgemeinern Sie nicht: „Welche Mistkröte hat schon wieder an meinem Lippenstift rumgefummelt?" – „Kannst du denn nur Unsinn machen!?" Sagen Sie aber unmissverständlich Ihre Meinung:

»Ich möchte nicht, dass jemand von euch meinen Lippenstift benutzt!«

Fordern Sie Argumente, wenn jemand in der Familie eine andere Meinung hat, und geben Sie guten Argumenten nach. Lassen Sie auch die ganz Kleinen dabei sein, wenn man Lösungen findet und sich wieder versöhnt:

»Ich habe nicht verstanden, warum du vorhin so aggressiv reagiert hast. Können wir darüber sprechen? / Du, Schatz, ich war vorhin so aufbrausend. Komm, lass uns noch einmal darüber reden! / Das Argument überzeugt mich. Na gut, dann machen wir es so, wie du vorschlägst. / Das lass ich so nicht mit mir machen! Lass uns eine vernünftige Regelung finden, wo ich auch zu meinem Recht komme!«

Eifersucht ist ein weiterer gewichtiger Grund für Geschwisterstreit. Lassen Sie keinen Zweifel darüber aufkommen, dass Ihre Liebe allen Kindern gleich gilt. Sie darf nicht von deren Fähigkeiten abhängen. Geben Sie jedem Kind die körperliche Nähe und zerstören Sie das Gefühl, um seiner selbst willen gemocht zu werden, nicht mit Worten: „Weil du das so gut kannst, hab ich dich aber gern!“ – „Du bist der Beste in der Klasse. Komm, lass dich drücken!“ – „Schau mal, wie gut dein Bruder das kann!“ In dieser Weise fördern Sie nur Eifersucht und gleichzeitig die Angst, Liebe wieder zu verlieren, wenn man mal nicht so gut mithalten kann. Vergleichen Sie nicht, loben Sie die Sache und nicht das Kind:

»Das Bild ist schön! / Das ist dir gut gelungen. / Der Erfolg freut mich!«

Gerecht sollen Sie sein. Das bedeutet nicht, dass für alle Geschwister alles gleich ist. Kinder sind eben nicht gleich. Aber die Unterschiede müssen verstanden werden. Denn es ist richtig, was Charles Dickens sagte: „Nichts wird in der kleinen Welt der Kinder genauer beobachtet als Ungerechtigkeit.“ Erklären Sie also, warum Sie aufgrund des Alters, verschiedener Vorlieben und Talente die Kinder unterschiedlich behandeln:

»Nein, es bekommt nicht jeder das Gleiche; aber ich versuche jedem das zu geben, was er braucht.«

Suchen Sie nicht regelmäßig Unterstützung bei einem der Kinder. Spielen Sie Ihre Kinder nicht gegenseitig aus. Fördern Sie hingegen die Solidarität und gegenseitige Unterstützung unter den Geschwistern – auch wenn sie mal gemeinsam gegen die Eltern angehen:

»Ihr seid ja ein starkes Team! / Es freut mich, dass ihr so zusammenhaltet!«

Wichtig ist noch, dass die Geschwister sich nicht nur miteinander „begnügen müssen“; jedes Kind sollte auch außerhalb der Familie noch eigene Freunde haben. Schaffen Sie dafür die Möglichkeiten.

Tod im Bekanntenkreis:
Wie erklären wir das unserem Kind?

Zum Leben gehört der Tod. Alles Leben hat einen Beginn und ein Ende. So werden wir und unsere Kinder immer wieder mit dem Tod von Menschen und Tieren und der Vergänglichkeit in der Natur konfrontiert. Solche Situationen sollten wir nicht verdrängen, denn dann nehmen wir uns selbst und den Kindern einen existentiellen Erfahrungsbereich weg. Ein Kind ist nie zu jung, um mit ihm über den Tod von Menschen und Tieren zu sprechen. Zwar wird sich das Verständnis für die Endgültigkeit und Unumkehrbarkeit des Todes erst im Verlauf des Grundschulalters entwickeln; doch schon im Vorschulalter spürt es, dass es sich beim Tod um ein einschneidendes, bewegendes, existentielles Geschehen handelt. Ein Kind trauert auf seine Weise, hat Mitgefühl mit Trauernden, will gerne mehr wissen und begreift den Tod – mit zunehmendem Alter mehr – als etwas, das alle Lebewesen betrifft.

Zunächst ist wichtig, dass wir Erwachsene uns selbst bewusst sind: Ja, auch mein Leben ist begrenzt; ja, ich werde einmal sterben; ich hoffe auf 70 oder 80 Jahre Lebenszeit (oder noch mehr); es ist wahrscheinlich, dass ich dieses Alter erreiche, denn das ist die übliche Lebenszeit eines Menschen, aber ich weiß, dass ich die Dauer meines Lebens nicht allein in der Hand habe. Ich kann und will viel für meine Gesundheit tun, und ich will mich – wo immer ich kann – grundsätzlich für alles Leben einsetzen, denn es ist das höchste Gut. Dennoch kann ich nicht vermeiden, dass ich immer wieder mit dem Tod von Menschen konfrontiert werde. Ich erkenne den Tod als Teil des Lebens an und stelle mich der Aufgabe, mit ihm umzugehen.

Ihr Kind begegnet der Tatsache „Tod beendet das Leben" immer wieder. In vielen Märchen und Kindergeschichten spielt dies eine Rolle; und es sieht z.B. tote Tiere. Es hört, dass Menschen in der Nachbarschaft oder Familienmitglieder anderer Kinder gestorben sind, und es kommt am Friedhof vorbei und möchte alles darüber wissen. Schließlich erlebt es den Tod ganz nah: Eigene Großeltern sterben und ggf. – was nicht gering zu achten ist – das geliebte Haustier.

Kinder brauchen die Erfahrung, dass sie in Geborgenheit und Sicherheit leben, mit Menschen, denen sie vertrauen können – wenn Sie Ihrem Kind diese Erfahrung vermitteln und wenn es weiß, dass Sie für es da sind und es Ihnen vertrauen kann, so können Sie durchaus über Leid, Not, Krankheit, Abschied und Tod sprechen. Doch Sie sollten dann auch viel Zeit und Geduld aufbringen, um die vielen Fragen, die es sicherlich hat, zu beantworten.

Erklären Sie die unterschiedlichen Lebensphasen des Menschen von der Geburt bis zum Tod. Dazu eignen sich entsprechende, kindgerechte Sachbücher; im Kindergarten und in Bibliotheken gibt man Ihnen gern Empfehlungen. Auch mit Hilfe von Fotoalben der Familie und mit Gesprächen über das unterschiedliche Alter von Familienangehörigen lässt sich die Entwicklung eines Menschen verfolgen:

»Sieh mal, so sahst du aus, als du gerade geboren warst. Ich war auch mal ein kleines Baby. ... Bis man so etwa sechzehn Jahre alt ist, wächst man. Dann nicht mehr. Ja, Papa ist etwas dicker geworden. ... / Wenn man so alt ist, braucht man nicht mehr zur Arbeit zu gehen. Dann werden die Haare grau und ganz weiß. Ja, bei Oma sieht man das nicht, die hat sich die Haare gefärbt. Alte Menschen sind oft ganz schwach. Manche sind dann wieder so hilflos wie ein kleines Baby und müssen gefüttert werden. Ja, manche sind auch stark und gesund, bis sie ganz alt sind, so wie die Urgroßoma. ... Viel älter wird man nicht. Dann geht jedes Leben zu Ende; jeder Mensch stirbt. / ... Ja, auch mein Leben geht einmal zu Ende; aber wir haben ja noch sehr, sehr viel Zeit miteinander. / ... Ja, auch du wirst groß werden, erwachsen, alt und dann, irgendwann einmal wirst auch du sterben. Jedes Lebewesen stirbt irgendwann; dafür kann es aber auch viel erleben, kann sich freuen und traurig sein, kann glücklich sein und jemanden lieb haben – so wie wir uns lieb haben. Was gar nicht lebt, stirbt auch nicht, wie ein Stein z.B., dafür kann er aber auch nichts erleben. / ... Nein, der liebe Gott kann nichts dagegen tun. Er hat keinem Menschen ein Leben ohne Krankheit, ohne Traurigkeit, ohne Abschied oder ohne Tod versprochen. Aber er hat versprochen, immer da zu sein und uns immer lieb zu haben.«

Erklären Sie alles, was Ihr Kind wissen möchte, ehrlich, natürlich und möglichst sachlich – wobei Sie durchaus auch über Ihre Gefühle in Bezug auf Tod und den Verlust von Menschen sprechen. Ermutigen Sie auch andere Menschen (Großeltern, gute Bekannte), mit Ihrem Kind natürlich über eigene Erfahrungen von Verlust und Trauer zu sprechen.

»Als sie starb, hab ich ganz viel geweint. Ich war so sehr traurig, dass ich nichts mehr essen mochte; und ich konnte gar nichts mehr tun. Ich saß ein paar Tage nur da und konnte nichts richtig tun. Manche Menschen haben versucht mir zu helfen; aber egal was die Menschen auch Liebes sagten, es half nicht. Es war schön, dass einige ganz still bei mir waren und mich gedrückt haben. ... Ganz langsam ist es gegangen, dass ich wieder an etwas anderes denken konnte. Ja, ich denke auch heute noch oft an sie. Aber es tut nicht mehr so sehr weh im Herzen und mir wird nicht mehr so schwindelig vor Trauer wie damals. Ich werde sie nie vergessen.«

Ein Kind sollte die Möglichkeit haben, mit ganz alten Menschen zu sprechen und ihren Erzählungen zuzuhören. Es erhält so eine Ahnung von der zeitlichen Ausdehnung der Vergangenheit und Zukunft und davon, dass menschliches Leben eine Entwicklung durchmacht und einen Anfang und ein Ende hat.

Nehmen Sie Ihr Kind mit, wenn Sie Gräber verstorbener Menschen aus Ihrem Verwandten- bzw. Bekanntenkreis besuchen. In jeder Stadt sind Friedhöfe; gehen oder fahren Sie nicht immer nur daran vorbei; ein Kind sollte wissen, wozu dieser Fleck Erde da ist. Erkunden Sie einen Friedhof gemeinsam in Ruhe. Schauen Sie sich Gräber an; sprechen Sie über die unterschiedliche Gestaltung und die verschiedenen Formen und Aufschriften der Grabsteine:
»Ja, auf den meisten Gräbern ist ein Kreuz. Das bedeutet: Gott breitet seine Arme aus und nimmt den toten Menschen bei sich auf. Sieh, wie zwei ausgebreitete Arme sind diese Balken des Kreuzes; so als wenn Gott ruft: „Komm du in meine Arme." Ja, es gibt auch andere Steine auf den Gräbern; ich denke, die anderen Formen sollen ebenso ausdrücken, dass der Gestorbene nicht vergessen wird und dass man ihn lieb hat.«

Schließen Sie Ihr Kind nicht aus, wenn Sie Kondolenzbesuche machen; besonders dann nicht, wenn es eine Beziehung zu dem verstorbenen Menschen hatte:
»Ich gehe nach dem Essen zur Nachbarin und sage ihr, wie Leid es mir tut, dass ihr Mann gestorben ist, und dass ich auch ganz traurig bin. Magst du mitgehen, du kanntest ihn doch auch sehr gut. Wir brauchen ja nicht viel zu sagen – nur damit sie sieht, dass wir an ihn und sie denken und sie nicht ganz allein ist.«

Besuchen Sie mit Ihrem Kind eine Beerdigung, bei der Sie und es nicht so sehr persönlich betroffen sind – wenn z.B. ein Nachbar oder entfernter Verwandter stirbt:

»Herr Markwart ist gestorben. Seine Frau ist nun ganz allein. Sie ist mit ihm verheiratet gewesen, seit sie eine junge Frau war. Nun ist sie sehr traurig. Da wollen wir sie nicht allein lassen. Wir gehen auch zu der Beerdigung und zeigen ihr damit, dass wir an sie und ihren Mann denken. Magst du mitkommen?«

Stirbt ein geliebter Mensch, so sprechen Sie es auch dem Kind gegenüber aus. Sagen Sie nicht etwa: „Vielleicht kommt sie ja wieder, sie ist auf einer sehr langen Reise."
»Sie ist gestorben; sie wird nicht wiederkommen. Ja, es wird nicht mehr sein wie früher.«

Ein Kind hat gerade dann, wenn es mit dem Verlust eines Menschen konfrontiert wird, viele Fragen. Antworten Sie ehrlich:
»... Ich weiß nicht, was man noch hätte tun können. Wir Menschen sind eben oft sehr hilflos. Viele haben versucht zu helfen. Auch die Ärzte haben alles getan, was sie konnten. Und viele haben für sie gebetet. Wir können keine Antwort auf die Frage nach dem „Warum" geben. / ... Ja, wir haben nun so viele Fragen, die mit „warum" beginnen! Wir können uns diese Fragen stellen; aber ich glaube, wir finden keine Antwort. Auf manche Fragen finden wir Menschen einfach keine Antwort. / ... Ich weiß nicht, warum der „liebe Gott" nichts getan hat. Ich weiß auch nicht, ob er das könnte und warum er uns so viel Schmerz zumutet. Ich weiß nur, dass er den Menschen, die so verzweifelt sind wie wir, versprochen hat, immer bei ihnen zu sein. Er ist jetzt sicherlich still bei uns und bei ihr. / ... Wo ist sie nun? Ich glaube, dass alles Leben von Gott kommt und wieder zu Gott zurück geht. Ich bin sicher, sie hat bei Gott nun eine neue, ewige Heimat. Auch wenn ich mir das nicht genau vorstellen kann. Aber ich vermisse sie so sehr.«

Die Trauer soll durchlebt werden. Ein Kind trauert anders als ein Erwachsener: Es ist nicht durchgehend beeinflusst oder gar gelähmt von dem Verlust; Phasen der Unbeschwertheit mischen sich schnell in die Trauer. Denken Sie nicht: „So schnell hat es den geliebten Menschen vergessen!" Es kann sich auch in Phasen tiefer Trauer schnell wieder im Spiel verlieren; Phasen der Unbeschwertheit und Trauer wechseln unter Umständen schnell ab. Das sollten Sie wissen, damit Sie nicht enttäuscht sind, wenn das Kind nicht „Ihre Dynamik" der Trauer mitmacht.

Pfarrer und Psychologen werden oft gefragt, ob ein Kind bei der Beerdigung eines geliebten Menschen dabei sein soll. Ja, es soll die Möglichkeit haben, Abschied zu nehmen, genau wie Sie. Nehmen Sie es in Ihrer Mitte mit zur Trauerfeier und mit an das Grab. Lassen Sie es ggf. Abschiedsworte oder ein kleines Gebet sprechen, dass Sie mit ihm vorher besprochen haben. Es kann zum Abschied etwas ins Grab werfen – Blumen, Erde, ein selbstgemaltes Bild oder etwas anderes, dass es gerne „mitgeben" möchte. Erklären Sie den Brauch, Erde oder Blumen ins Grab zu werfen.

In den Tagen vor der Beisetzung nehmen Sie das Kind auch mit zur Trauerhalle, wo der Sarg aufgebahrt ist. Beziehen Sie es in allen Abschied mit ein. Es sollte den verstorbenen Menschen allerdings so in Erinnerung behalten, wie es ihn zuletzt lebend gesehen hat. Wenn der Leichnam sehr verändert aussieht, so bewahren Sie das Kind vor dem Anblick.

Wenn Ihr religiöses Empfinden es zulässt, dann ist es gut, mit dem Kind gemeinsam zu beten. Sie können kaum etwas Besseres für Ihr Kind tun. Es erfährt so, dass auch Sie selbst und Sie beide gemeinsam nicht allein sind. Das Kind ist überfordert mit Ihrem Schmerz und es möchte Sie mit seinem Schmerz nicht zu sehr belasten; durch ein Gebet erfährt es, dass da noch ein Ansprechpartner ist, der die Last mit trägt. Sagen Sie Gott Ihren Schmerz, Ihre Fragen, Ihre Verzweiflung, Ihre Klagen und Anklagen gemeinsam mit dem Kind:

»Großer Gott, wir verstehen es nicht. Wir sind so verzweifelt. Warum lässt du uns so allein? Warum ist er von uns weggerissen worden? Wir wissen nicht, wie wir jemals wieder glücklich werden sollen ohne ihn. Wir brauchen ihn so sehr. Wir werden ihn nie vergessen. Sei du bei ihm und bei uns. Amen!«

Ist es eine kirchliche Beerdigung, so sprechen Sie mit den Geistlichen darüber, inwieweit die Texte (Ansprache und Gebete) auch für ein Kind verständlich formuliert werden können und inwieweit die Fragen der Kinder Berücksichtigung finden können. Besprechen Sie mit den Geistlichen grundsätzlich alle Wünsche, die Sie bezüglich der Trauerbegleitung und der Beisetzung haben. Auch Geistliche sind heutzutage oftmals verunsichert, was die religiösen Bedürfnisse der Trauernden betrifft. Wünschen Sie ein Gebet im Trauerhaus bzw. Begleitung beim Besuch des Sarges in der Trauerhalle, ein seelsorgliches Gespräch mit den Kindern vor oder nach der Beisetzung, Erläuterungen der Trauerzeremonie – was immer Sie wünschen, sprechen Sie es vorher aus, damit es keine Versäumnisse gibt.

Denken Sie nicht, Sie müssten Ihrem Kind zuliebe schnell zur Tagesordnung zurückkehren und in seinem Beisein die schmerzhaften Erinnerungen verdrängen. Nein, räumen Sie nicht schnell alle Erinnerungstücke weg und vermeiden Sie nicht zwanghaft die Tätigkeiten, die an den gestorbenen Menschen schmerzhaft erinnern. Bewahren Sie miteinander bewusst das Andenken und durchleben Sie gemeinsam die Trauer. Dazu müssen Sie miteinander sprechen, schweigen und weinen:

»Du bist so traurig; ich auch. Komm in meine Arme, lass uns ein bisschen zusammen sein, uns drücken und an ihn denken.«

Wenn ein geliebtes Haustier stirbt,

kann das für ein Kind so beeindruckend sein, als wenn ein Mensch stirbt. Achten Sie die Trauer des Kindes. Sagen Sie nicht: „Es ist ja nur ein Tier!" Kinder können dann sehr verletzt reagieren, wenn man sie hier nicht ernst nimmt, und sagen dann sogar: „Es wäre besser, du wärst gestorben!" Sie brauchen bei solchen Verlusterlebnissen nicht viel zu sagen; zeigen Sie dem Kind, dass Sie da sind, nehmen Sie es in den Arm. Erinnern Sie sich gemeinsam an die schöne Zeit mit dem Tier; aber überlassen Sie die Initiative des Gesprächs dem Kind:

»Du bist sehr traurig; weine ruhig, ich kann das gut verstehen. ... Ja, ihr hattet eine schöne Zeit miteinander. ... Ja, „Wuschel" (das Meerschweinchen) war sehr glücklich mit dir. Du wirst bestimmt noch lange an ihn denken.«

Stirbt ein Haustier, so bieten Sie nicht gleich ein Ersatztier zum Trost an und lenken Ihr Kind nicht künstlich mit Aktivitäten ab. Umschreiben Sie den Tod nicht mit Formulierungen wie: „Er schläft ja nur!" – „Er ist auf einer großen Reise." Seien Sie ehrlich; sprechen Sie davon, dass das Tier nun gestorben ist – auch wenn die Wahrheit hart ist. Mit dem Verlust eines Tieres lernt das Kind, mit dem Tod und mit Trauer umzugehen – das braucht es für sein Leben. Also lassen Sie es den Prozess durchleben, indem Sie mit Ihrer Liebe da sind; Ihr Kind muss gerade jetzt durch Sie verstanden und geborgen sein:

»Was du mit ihm erlebt hast, kommt nicht wieder; aber in deiner Erinnerung kann es weiterleben. Und wenn wir mal ein neues Tier kaufen, so ist das ein anderes Tier. Du wirst neue, schöne Erlebnisse haben; aber „Wuschel" kommt eben nicht wieder.«

Taschengeld:
Jetzt schon ? – Und wie viel ?

Viele Fachleute vertreten die Ansicht, erst ab dem Schulalter sollten die Kinder regelmäßig Taschengeld bekommen. Wir haben dagegen festgestellt, dass Kinder heutzutage durchaus schon im Vorschulalter reif genug sind, den Umgang mit kleinen Geldmengen zu erlernen. Einen geringen Taschengeldbetrag sollten Sie also schon jetzt festsetzen. Wenn Ihr Kind noch nicht weiß, was es mit den Münzen kaufen soll – auch gut, so lernt es schon zu sparen.

50 Cent die Woche sind genug. Später, wenn es in die Schule kommt, können Sie ja jährlich um 50 Cent erhöhen. Zahlen Sie wöchentlich aus; größere Zeitabstände überblickt das Kind noch nicht. Vergessen Sie die Auszahlung nicht und geben Sie immer wieder unterschiedliche Münzwerte vom Ein-Cent-Stück bis zum Fünfziger:
»Schau mal, diese fünf 10-Cent-Stücke sind genauso viel wert wie ein einziges 50-Cent-Stück.«

Schenken Sie gleich ein Sparschwein dazu. Natürlich muss es nicht unbedingt ein „Schwein" sein – eine andere Form tut es ebenso. Eine lustige Form ist ideal. Nicht so „wertvoll" sollte das Sparschwein sein, denn es sollte keinen Verlust bedeuten, wenn es nach einigen Monaten „geschlachtet" wird. Während des Vorschulalters ist es sinnvoll, dass das Sparschwein kein Schloss hat – will man es entleeren, muss es zerbrochen werden; das ist dann ein besonderes Ereignis. Wenn das Kind zur Schule geht, kann es auch ein eigenes Konto bei der Sparkasse verwalten.

Geben Sie Ratschläge, was es mit dem Taschengeld kaufen kann, und regen Sie auch zum Sparen an. Kleine Geschenke für den Geburtstag der Geschwister oder der Großeltern können z.B. vom Gesparten gekauft werden. Lassen Sie Ihr Kind aber selbst entscheiden, was es mit seinen Geldstücken macht – auch ohne dass es Vorwürfe erntet, wenn Sie mit seinen Ausgaben nicht zufrieden sind. Das Taschengeld ist eine kleine „Spielwiese", Selbstständigkeit zu üben.

Vielleicht wird es vorkommen, dass es seine Cent gleich für Süßes „verprasst". Machen Sie kein Problem daraus. Es ist sein Geld; wenn Sie meinen, es esse zu viel Süßes, so reduzieren Sie doch das Süße, das es sonst bekommt.

Geben Sie keinen Vorschuss. Später, im Schulalter, kann mal bis zu zwei Wochen im Voraus gegeben und auf eine 14-tägige Auszahlung umgestellt werden.

Das Taschengeld ist wirklich dafür da, es zu „verprassen" – Ausgaben für Malsachen, Spielzeug, Gebrauchsgegenstände sind in diesem Alter nicht darin enthalten:
»Was du sowieso brauchst, kaufen wir dir!«

Kleine Geldgeschenke (die es ja von Verwandten zu verschiedenen Anlässen gibt) können für besondere Anlässe (Ausflug, Volksfest) zum Taschengeld hinzukommen. Größere Geldgeschenke sind kein Taschengeld; sie werden gespart oder für besondere Anschaffungen genutzt.

Geben Sie immer wieder einen Eindruck, was Sachen im Vergleich zum Taschengeld kosten – das Eis, das Sie zusätzlich spendieren, die Malstifte, einzelne Lebensmittel. Wenn das Kind beim Einkauf hilft, bekommt es auch diesbezüglich schnell einen Überblick. Lassen Sie es beim Einkaufen mithelfen und die Preise vergleichen:
»Sieh mal, die Stifte kosten dreimal so viel, wie du in der Woche Taschengeld bekommst – einen Euro und 50 Cent.«

Im Vorschulalter sollten Sie noch keine Entlohnung für kleine Tätigkeiten geben. Auch später noch sollte Ihr Kind selbstverständlich im Haushalt mithelfen und sich an den gemeinsam zu bewältigenden Aufgaben beteiligen ohne dafür etwas zu erhalten – dazu gehören z.B. Rasenmähen und das Putzen des eigenen Fahrrads.

Benutzen Sie in der Vorschul- und Grundschulzeit Taschengeldentzug oder Geldbelohnungen nicht als Erziehungsmittel. Das Geld erhält dadurch eine zu große emotionale Bedeutung. Geld ist natürlich kein Ersatz für Ihre Zuneigung und die Zeit, die Sie für das Kind aufbringen. Also niemals: „Ich hab keine Zeit für dich, aber hier hast du einen Euro, kauf dir etwas dafür."

Schlafenszeit:
Wie bekommen wir unser Kind friedlich ins Bett?

Schlafen ist ein natürliches Bedürfnis und Kinder spüren sehr gut, wann die Müdigkeit sich einstellt und es Zeit ist, ins Bett zu gehen. Jedoch ist das individuelle Schlafbedürfnis unterschiedlich ausgeprägt. Kinder im Kindergarten- und Grundschulalter benötigen ca. elf Stunden Bettruhe. Weniger sollten es nicht sein. Schlafen sie am Nachmittag, so werden sie am Abend erst später müde. Das Bedürfnis nach Nachtruhe tritt also je nach Schlafgewohnheit und Tagesrhythmus zwischen 19.00 und spätestens 22.00 Uhr ein.

Das natürliche Schlafbedürfnis kann durch verschiedene Einflüsse überdeckt oder gestört werden. Ein Kind möchte dann trotz offensichtlicher Müdigkeit nicht ins Bett, und es will und kann nicht einschlafen. Oft kommt dann noch dazu, dass es vor lauter Müdigkeit quengelt. Dann ist die gemütliche Abendstimmung für alle Familienmitglieder gestört.

Wenn der allabendliche Stress schon zum Ritual geworden ist, zum alltäglich mit Sicherheit wiederkehrenden Machtkampf, so nehmen Sie der Situation die Dramatik. Beginnen Sie bei Ihrer Einstellung dazu; sehen Sie das Zubettgehen Ihres Kindes als ganz natürlichen Teil des Tagesablaufes. Denken Sie nicht tagsüber schon an Spannungen, die es am Abend geben wird. Mahnen und drohen Sie nicht schon. Geben Sie dem Kind einen Überblick über den Tagesablauf. Nennen Sie schon mittags die ungefähre Zeiteinteilung für den Rest des Tages und wiederholen Sie dies im Laufe des Nachmittags:
»Wenn du wieder reinkommst, isst du etwas und kannst dann noch in deinem Zimmer spielen. Nach dem Abendessen schaust du ja noch den Kinderfilm an; danach können wir noch etwas spielen, bevor du ins Bett gehst.«

Der Tagesplan sollte dem Kind einsichtig sein. Es muss wissen, wann das Schlafengehen geplant ist, damit diese Situation nicht plötzlich kommt und gar als Strafe empfunden wird. So ist es daneben: „Du bist jetzt so müde – ab ins Bett."
»Bis zum Schlafengehen ist noch eine halbe Stunde Zeit, du kannst noch ein wenig spielen.«

Überhaupt sollten Sie das Bett nicht als Strafe einsetzen. Denn natürlich wird es die Situation dann später meiden, die eine so negative Prägung hat. Ebenso eignet sich auch das „länger aufbleiben Dürfen" nicht als Mittel einer Belohnung. Wenn das Kind schon im Laufe des Tages darauf hinweist, dass es aber am Abend nicht ins Bett gehen wird, so gehen Sie nicht auf Konfrontation. Das ist also daneben: „Und ob!" – „Das werden wir ja sehen!" Halten Sie auch keinen Vortrag über die Notwendigkeit von Schlaf; Sie wissen doch, dass das nicht wirkt! Nehmen Sie dem Konflikt die Spitze: Ignorieren Sie die provozierenden Bemerkungen Ihres Kindes ganz oder zeigen Sie, dass die Situation kein Problem ist:

»Wenn du zur Schlafenszeit noch nicht müde bist, musst du nicht schlafen; dann kannst du noch in deinem Zimmer etwas spielen, bis du müde wirst.«

Vor der Schlafenszeit sollte nicht noch etwas Aufregendes passieren. Die Fernsehsendung ist längst vorbei (die letzte halbe Stunde vor dem Schlafengehen bleibt das Gerät ausgeschaltet), es ist auch über die Sendung gesprochen worden; das Spiel ist beendet. Man hat sich noch etwas unterhalten und macht sich dann fertig fürs Bett.

Planen Sie den Rhythmus der Tätigkeiten so, dass sich am Abend ein Abschnitt der Ruhe ergibt. Das Kind muss die Möglichkeit haben, von den anderen Familienmitgliedern Abschied für die Nacht zu nehmen.
Ihr Kind soll nicht befürchten, etwas zu verpassen. Legen Sie die Zeit so, dass für die „Zu-Bett-geh-Phase" des Kindes dann auch für die anderen Familienmitglieder das Fernsehgerät ganz ausgeschaltet werden kann und Unterhaltungen und Spiele beendet sind oder eine Pause erfahren.

Es sollte nicht zum „Statussymbol" werden, dass man länger aufbleiben darf. Bei mehreren Kindern in der Familie, die altersmäßig nicht zu weit auseinander liegen, staffeln Sie den Beginn der Abendruhe nicht. Der Zeitpunkt sollte für die Kinder gleich sein. So kann das ältere Kind noch länger allein auf dem Zimmer spielen oder lesen; das jüngere hat einen Mittagsschlaf gemacht, damit es später müde wird.
Wird das Kind abends nicht müde, so setzen Sie den Mittagsschlaf nicht plötzlich ab. Reduzieren Sie ihn langsam zunehmend, bis er wegfällt. Es schadet dem Kind nicht, wenn Sie es am Nachmittag vorzeitig wecken. Aber bitte nicht so: „Ich wecke dich schon mal, sonst bist du heute Abend nicht müde." Statt mit dem Nachtschlaf zu drohen, erfreuen Sie es:

»Ich wecke dich jetzt schon mal, damit du noch Zeit zum Spielen hast.«

Kinder brauchen Regelmäßigkeiten. Kommt der Tagesablauf durcheinander, so macht sich das schnell am Abend durch Unruhe bemerkbar. Sorgen Sie für Gleichmäßigkeit. Insbesondere beim Fernsehprogramm bieten Sie dem Kind nicht zu viel Neues. Durch die Video- und DVD-Technik kann der Lieblingsfilm oft zur gleichen Tageszeit wiederholt werden, bis er wirklich langweilig wird.

Ohne ein „Gute-Nacht-Ritual" und ein „Einschlafritual" geht es nicht. Ein Ritual zeichnet sich dadurch aus, dass es immer den gleichen, verlässlichen Ablauf hat.
Da ist zunächst das „Gute-Nacht-Ritual". Das ist das Abschiednehmen für die Nacht bei den Familienmitgliedern. Eine Person ist dann noch am Bett mit dabei, um z.B. eine Geschichte vorzulesen, ein Lied zu singen, ein Gebet zu sprechen und eine „gute Nacht" zu wünschen. Wird eine Geschichte gelesen, so soll diese natürlich kurz sein und keinen Anlass zur Aufregung bieten – eine typische „Gute-Nacht-Geschichte" halt, wie man sie in vielen Büchern findet; lassen Sie sich beraten, fragen Sie ggf. das Erziehungspersonal des Kindergartens. Bleiben Sie dann nicht dabei, bis das Kind eingeschlafen ist.
Nach diesem „Gute-Nacht-Ritual" folgt das „Einschlafritual" – die letzte Phase vor dem Einschlafen. Diese Phase können Sie mit dem Kind einüben, doch dann muss es sie allein gestalten, während Sie das Zimmer schon verlassen haben. Es legt sich z.B. die Plüschtiere zurecht, findet die richtige Lage, spricht vielleicht noch ein kurzes Gebet oder denkt an etwas Schönes, um schließlich in den Schlaf zu sinken.

Hektik am Abend verdirbt Ihrem Kind die Schlaflaune mit Sicherheit: Müssen Sie noch weg? Brauchen Sie nach einem nervigen Tag endlich Ihre Ruhe? Drängt das Fernsehprogramm? Lassen Sie das Kind nicht Ihren Druck spüren, denn Sie verderben ansonsten das sorgsam gepflegte Ritual, sich selbst den Abend und auch gleich die nächsten Abende mit. Planen Sie frühzeitig, bitten Sie jemand anderen, das Kind ins Bett zu bringen, wenn die Zeit Sie drängt. Lassen Sie sich doch den Tagesrhythmus nicht vom Fernsehprogramm diktieren – nehmen Sie ggf. eine Sendung auf, um sie später zu sehen.

Will es nach dem „Gute-Nacht-Ritual" noch nicht schlafen, so lassen Sie es doch noch im Zimmer spielen und dann allein zum „Einschlafritual" ins Bett gehen. Schauen Sie später nur noch nach, ob es das geschafft hat:

»Die Geschichte habe ich dir erzählt, gebetet haben wir nun auch. Ich gebe dir jetzt das „Gute-Nacht-Küsschen", und du kannst noch ein wenig spielen und legst dich dann allein ins Bett. Du weißt ja, wir sind da.«

Wiederholen Sie das „Gute-Nacht-Ritual" am selben Abend nicht, denn sonst wird Ihr Kind das Einschlafen immer wieder hinauszögern.

Auch sollen Sie nicht dabeibleiben, bis das Kind eingeschlafen ist, weil Sie ansonsten ein Teil seines Einschlafrituals werden. Das Kind braucht Sie dann auch zum erneuten Einschlafen immer wieder, wenn es nachts aufwacht. Das wird dann sehr lästig für Sie. Nein, es muss lernen, allein einzuschlafen. Nur dann kann es auch in tiefer Nacht allein weiterschlafen, wenn es mal wach wird: »Du weißt, ich gebe dir noch ein Gute-Nacht-Küsschen; einschlafen musst du dann allein, das kannst du ja schon.«

Nehmen Sie das Kind nicht wieder aus dem Bett, wenn es quengelt oder schreit. Zeigen Sie, dass Sie da sind. Nach einigen Minuten schauen Sie noch einmal ins Zimmer, beruhigen es mit wenigen Worten und wiederholen nicht das „Gute-Nacht-Ritual". Das Geschrei müssen Sie schon ertragen, wenn Sie möchten, dass das Kind eine Einschlafpraxis erlernt. Erst nach einigen weiteren Minuten gehen Sie, es wieder in dieser Weise zu beruhigen. Dies setzen Sie fort, wobei Sie – unabhängig von der Lautstärke des Rufens – stets einige Minuten mehr verstreichen lassen:
»Ich bin da, schlaf nun!«

Manche Eltern haben im Laufe des Tages keine Zeit, sich auf das Kind einzustellen. Jetzt am Abend kann es allerdings diese Zeit erzwingen, und es möchte diese „schöne" Situation so lange wie möglich auskosten. Wenn es Ihnen tagsüber nicht gelingt, in Ruhe für das Kind da zu sein, so nutzen Sie von sich aus die Abendstunde, bevor Ihr Kind durch „Rumtrödeln" Ihre „Zuwendung" erzwingt. Planen Sie (falls Sie es tagsüber nicht schafften) vor dem Abendritual zumindest eine halbe Stunde für ein gemeinsames Spiel ein – die Zeit holen Sie hinterher leicht wieder auf, weil ein zufriedenes Kind viel besser schlafen kann.

Hat ein Kind aus seinem Zimmer gehört, dass Eltern sich streiten, wenn es schon im Bett liegt, so kann das dazu führen, dass es an den darauf folgenden Tagen nicht ins Bett will, um so den Streit der Eltern zu verhindern. Oftmals interpretieren Kinder auch die Geräusche der elterlichen Sexualität als Streit.

Vielleicht äußert das Kind seine Befürchtung: „Ihr streitet ja wieder!" Doch es ist wahrscheinlicher, dass es keine Begründung für seine Ängste ausspricht, denn es weiß ja, dass es den „Streit" (oder was immer es da hört) nicht hören sollte. Vielleicht ist es sich auch nicht sicher, ob es den Vorfall nicht doch nur geträumt hat. Sprechen Sie von sich aus das Kind darauf an und lassen Sie es (wenn es wirklich ein Streit war) die Versöhnung erleben. Bewahren Sie Ihr Kind dann vor solchen Erfahrungen:

»Wir haben uns an den letzten Abenden manchmal gestritten. Das hast du sicherlich gehört. Das hat dir bestimmt Sorge gemacht. Wir haben uns wieder vertragen. Und wir mögen dich beide sehr gern. Darum kommen wir heute Abend beide zu dir ans Bett, um mit dir noch eine Geschichte zu lesen und dir „gute Nacht" zu sagen.«

Falls das Kind durch Geräusche Ihres Liebesspiels beunruhigt wurde, so bringen Sie das ehrlich zur Sprache. Versuchen Sie dann diese Situationen zeitlich oder räumlich so zu legen, dass Ihr Kind nicht beunruhigt wird:

»Wir haben uns so gern, und dann quietschen oder stöhnen wir manchmal vor Freude, wenn wir miteinander schmusen. Du hast das bestimmt an den letzten Abenden gehört. Du wusstest sicherlich gar nicht, was los ist. Es war nichts, was dir Sorge machen sollte. Wir haben uns halt sehr lieb.«

Raum für Notizen:

Katastrophen, Krieg und Terror:
Wie erklären wir es unserem Kind ?

Wenn Nachrichten und Bilder von Katastrophen und Terroranschlägen, von Krieg und Gewalt die Welt erschüttern, geht das auch an unseren Kindern nicht vorbei. Sie fragen dann besorgt: „Kann das auch bei uns passieren?" – „Warum gibt es so böse Menschen?" – „Warum lässt Gott das zu?" Seit dem Terroranschlag am 11. September 2001 auf das World-Trade-Center in New York suchen Eltern vermehrt nach Worten, um den Kindern derart beunruhigende und beängstigende Ereignisse zu erklären.

Die täglichen Nachrichtensendungen im Fernsehen sind keine Kindersendungen. Sie sollten nicht auf dem Fernsehplan Ihres Kindes stehen. Doch Ihr Kind lebt nicht in einer isolierten, heilen Welt. Informieren Sie es mit Ihren Worten über aktuelle beeindruckende und bedrückende Geschehnisse, denn es schnappt ansonsten Worte auf und fühlt Stimmungen, die es nicht oder nur falsch deuten kann:

»Alle reden davon. Da hat ein junger Mann in einer Schule mit einem Gewehr wild um sich geschossen. Er hat viele Lehrer und einige Schüler getötet. Das macht alle Menschen sehr betroffen. Wir können nicht verstehen, warum jemand so etwas macht. Wir haben Mitleid mit den Menschen, die getötet wurden, und mit den Freunden und Verwandten.«

Ihr Kind wird immer wieder mal dazu kommen, wenn Bilder schrecklicher Ereignisse über den Bildschirm laufen. Und gerade bei aufsehenerregenden Geschehnissen stellt man ja schnell – auch während des Tages im Beisein der Kinder – das Gerät an, um sich aktuell informieren zu lassen. Ihr Kind spürt, dass etwas Besonderes passiert ist, und wird auch neugierig. Schließen Sie es nicht zwanghaft aus. Gerade jetzt sind Sätze wie: „Sei still!" – „Stör nicht!" – „Merkst du denn nicht, dass ich das sehen will!" – „Das ist nichts für dich, geh spielen" – „Geh, mach die Tür zu!" völlig daneben. Gerade jetzt, wenn Sie betroffen sind und das Kind das spürt, ist „Nähe" wichtig:

»Setz dich zu mir, da ist etwas Schreckliches geschehen. / Das versteh ich selbst noch nicht. Lass es uns erst ansehen, dann kann ich dir etwas dazu sagen. / Im Augenblick kann ich dir nicht helfen. Ich möchte das jetzt sehen; warte einen Augenblick oder komm auf meinen Schoß.«

Bedenken Sie, dass Kinder Informationen ganzheitlich aufnehmen. Nicht nur der reine Tatbestand, sondern die Stimmung, die in Worten, in der Gestik und Mimik ausgedrückt wird, beeindruckt sie. Besonders Ihre Reaktionen sind entscheidend, weil Sie ihm nahe stehen und es gefühlsmäßig mit Ihnen verbunden ist. Wenn Sie persönlich direkt betroffen sind, drückt sich Ihr Schmerz natürlich in besonders starkem Maße aus, das ist gut so, da müssen Sie keine Rücksicht nehmen. Ansonsten versuchen Sie sachlich zu sein. Vermeiden Sie entsetzte Aufschreie, Gesichtszüge und Gesten, die Ihr Kind beängstigen; aber sprechen Sie Ihre Betroffenheit aus:
»Das macht mich traurig. / Das erschreckt mich. / Da sieht man, wie hilflos wir Menschen oft sind.«

Sie müssen keine Antwort haben auf Fragen wie: „Warum geschieht das?" – „Warum lässt Gott das zu?" – „Warum sind Menschen so?" – „Warum gibt es solche Katastrophen?" – „Warum gibt es Leid und Tod?" – „Warum geschieht das gerade bei uns?" Wir Menschen dürfen Antworten schuldig bleiben, denn sehr vieles verstehen wir eben nicht. Sagen Sie das:
»Mein Schatz, viele kluge Menschen überlegen seit vielen tausend Jahren, warum es Not, Krankheiten, Katastrophen und alles Böse gibt. Doch keiner weiß bisher eine Antwort. Wichtig ist, dass wir zusammenhalten und uns immer für das Gute einsetzen.«

Wenn Ihr religiöses Empfinden es zulässt, so geben Sie religiöse Erklärungen:
»Auf manche Fragen weiß nur Gott eine Antwort. Wir Menschen sind nur ein ganz kleiner Teil dieser großen Welt; da verstehen wir nicht alles, so sehr wir uns auch anstrengen und nachdenken. Und wir Menschen sind so hilflos, dass wir immer wieder Fehler machen. Wir können nur versuchen, sie zu vermeiden. Gott will uns dabei helfen.«

Kinder fragen auch, warum Gott das zulässt, warum er nichts gegen das Böse tut. Auch auf diese Frage dürfen wir gerne sagen, dass wir es nicht wissen. Wir können versuchen Worte zu finden:

»Gott lässt uns Menschen sehr viel Freiheit, weil er uns liebt. Wenn man jemanden liebt, dann zwingt man ihn nicht. Darum zwingt Gott uns nicht zu gutem Verhalten; er möchte, dass wir es selbst erkennen. Und so machen wir Menschen dann sehr viele Fehler. Gott hat sicherlich überlegt, ob es gut ist, dass wir Menschen so viel Freiheit haben und so viele Fehler machen. Er hat dann versucht, uns ein Vorbild zu geben; er hat Jesus auf diese Welt geschickt und gesagt: Seht, von ihm könnt ihr lernen, wie die Welt gut werden kann. Aber wir schaffen es noch nicht. Immer wieder gibt es Hass, Neid, Gewalt. Wir können nur versuchen, es besser zu machen. Gott will uns dabei helfen.«

Wenn ein Kind etwas bedrückt, dürfen wir ohne Antwort sein – aber nicht ohne Anteilnahme. Dann müssen wir ganz nah sein:
»Ich verstehe, dass du traurig bist, ich bin bei dir. Komm, lass dich drücken. / Ich weiß nicht, warum so etwas geschieht. Wichtig ist, dass wir uns gern haben. Ich halte dich ganz fest, ich bin bei dir und beschütze dich.«

Wenn es Ihnen möglich ist, dann beten Sie mit dem Kind. Wir Erwachsenen haben es uns zumeist angewöhnt, ohne Gott zu leben. Doch für ein Kind ist das schwer; denn gerade dann, wenn auch Erwachsene und gar die Eltern ratlos sind, muss es wissen, dass da doch noch jemand ist, dem man vertrauen kann und an den sich auch die Eltern wenden können. Das ist die Basis für Hoffnung:
»Großer Gott, wir sind ganz traurig und hilflos. Ein Kind wurde getötet. Wir fragen warum und finden keine Antwort. Wir wissen nicht, was wir sagen sollen. Wir denken an die Eltern, die nun so verzweifelt sind. Auch sie fragen sicherlich „Warum?" und finden bestimmt auch keine Antworten. Bitte, sei du mit deiner Liebe bei ihnen. Begleite sie und uns in dieser Nacht. Amen.«

Geben Sie Ihrem Kind einfache, sachliche Erklärungen über tödliche Krankheiten und ihre Heilung, über die naturwissenschaftlichen Hintergründe von Erdbeben, Wirbelstürmen, Überschwemmungen, die politischen Ursachen von Kriegen und Terror, über die Gründe für Gräueltaten und Flugzeugabstürze und andere Unfälle.

Sind Menschen die Urheber des Bösen, wie bei Mord, Missbrauch, Terror, Krieg, Amoklauf, so beschimpfen und verurteilen Sie nicht nur; denn dadurch entwickelt sich beim Kind ein zu einfacher Gegensatz von gut und böse: Wir sind die Guten, und auf der anderen Seite gibt es die Bösen, die man verurteilen und wegschließen muss. Solche Schwarz-Weiß-Malerei kann nur zu Hass und Angst führen, die ein Kind nicht bewältigt. Seien Sie sachlich und versuchen Sie, Zusammenhänge gemeinsam zu verstehen. Überlegen Sie in der Familie und im Freundeskreis, welche Motive die Täter bewegt haben und warum sie so aggressiv und hilflos sind. Lassen Sie Ihr Kind bei diesen Gesprächen dabei sein und beziehen Sie es auch aktiv ein:

»Ich frage mich, was bringt einen Jungen dazu, so zuzuschlagen? / Woher kommt der Hass, dass sie immer nur kämpfen? / Warum wollen sie den anderen vernichten?«

„Kann das auch bei uns passieren?“ – „Kannst du auch sterben?“ sind Fragen, die angesichts von Katastrophen, Krieg und Tod von Kindern schnell gestellt werden. Dabei spielen immer auch Trennungsängste eine Rolle. Antworten Sie ehrlich. Machen Sie aber deutlich, dass Sie mit all Ihrer Liebe bei Ihrem Kind sind und es besonders dann, wenn etwas Schlimmes passiert, nicht allein lassen werden:

»Nein, solch ein Erdbeben kann bei uns nicht passieren. ... / Es ist ganz unwahrscheinlich, dass es einen solchen Wirbelsturm auch bei uns gibt. ... / Jeder Mensch stirbt einmal. Ich werde auch einmal sterben. Aber ich bin ja noch nicht alt; und Menschen werden zumeist ganz alt. Ich bin sicher, ich werde noch lange bei dir sein, bis du groß bist und selbst eine Mama bist. Ich werde dich immer gern haben.«

Es gibt viele bekannte Menschen – Personen der Weltgeschichte und des religiösen Lebens –, die von Unglück getroffen sind und doch neue Hoffnung finden. Bestimmt lassen sich auch im näheren Umkreis und der Familiengeschichte solche Menschen finden. Erzählen Sie Ihrem Kind solche Lebens-, Leidens- und Hoffnungsgeschichten.

So sehr anhänglich:
Unser Kind ist eine kleine „Klette"!

Das sollten Sie dazu wissen:

Kinder können eine übersteigerte Anhänglichkeit zu einer Bezugsperson entwickeln, wenn

→ die Bezugsperson längere Zeit krank war,
→ das Kind selbst längere Zeit krank war,
→ die Bezugsperson mit dem Kind bisher allein war und nun ein neuer Partner hinzukommt,
→ die Bezugsperson oft abwesend sein muss (z.B. durch Berufstätigkeit),
→ ein Geschwisterchen oder eine andere Person plötzlich mehr Aufmerksamkeit erhält,
→ das Kind merkt, dass seine Anhänglichkeit der Bezugsperson gut tut,
→ das Kind nicht gelernt hat, mit anderen Menschen umzugehen.

Ihr Kind hat ein Recht darauf, dass Sie im Laufe des Tages immer wieder ganz für es da sind. Achten Sie darauf, dass Sie dies erfüllen.

Wenn Sie das Haus ohne Ihr Kind verlassen (sei es nur für kurze Zeit), so verabschieden Sie sich und zeigen auf, wie lange Ihre Abwesenheit dauern wird. Sprechen Sie über Gründe Ihrer Abwesenheit:
»Ich gehe jetzt mal eben zu Inge nach nebenan; in zehn Minuten bin ich wieder da. Du kannst ja solange weiterspielen. Bis gleich. / Und dann um vier Uhr muss ich wieder zur Arbeit. Frau Erdmann ist ja da; sie wird dich auch ins Bett bringen. Wenn ich zurückkomme, schläfst du schon, aber ich komme noch leise in dein Zimmer und gebe dir ein Küsschen.«

Waren Sie mal für längere Zeit nicht bei Ihrem Kind oder war der Kontakt durch Krankheit eingeschränkt, so zeigen Sie ihm die Freude darüber, dass Sie nun wieder bei ihm sein können. Wenn Ihr Kind seinen Schmerz der Entbehrung nicht in Worte fassen kann, so tun Sie es für das Kind. Schmerz muss sprachlich ausgedrückt werden, sonst „frisst er sich in die Seele", und massive Trennungsängste können so entstehen.

»Ich freue mich so sehr, dass ich wieder da bin. Komm in meine Arme. Ich weiß, es war nicht leicht für dich ohne mich. Aber ich bin ganz stolz, dass du Verständnis dafür hattest, dass ich nicht da sein konnte. Jetzt bleibe ich bei dir.«

Wenn neue Lebensumstände dazu führen werden, dass Sie viel Zeit für andere Menschen oder Dinge aufbringen müssen – wie z.B. für die Partnerschaft, das kleine oder kranke Geschwisterkind, den Beruf oder den Hausbau –, dann bereiten Sie das Kind frühzeitig darauf vor. Sprechen Sie mit ihm über diese Situationen und legen Sie Zeiten fest, in denen Sie für es da sind. Halten Sie diese Zeiten zuverlässig ein. Das Kind braucht besonders in neuen und kritischen Situationen einen Überblick über die zeitlichen Abläufe und auch seinen Anteil an Zuwendung:

»Bald kommt das Brüderchen zur Welt. Wenn es noch ganz klein ist, werde ich mich viel um ihn kümmern müssen. Ja, sicher, mein Engelchen, dich habe ich dann genauso lieb. / Jeden Tag von vier Uhr am Nachmittag bis sieben Uhr am Abend werde ich nicht da sein. Wenn ich dann nach Hause komme, bist du aber noch wach; da bin ich dann ganz für dich da. Und am Sonntag unternehmen wir etwas gemeinsam.«

Legen Sie ausdrücklich mit dem Kind Zeiten fest, in denen Ihre Aufmerksamkeit ganz anderen Menschen und Dingen gehört – Ihrem Hobby, dem Geschwisterkind (wenn es aus der Schule kommt oder Sie bei dessen Hausaufgaben helfen), dem Partner bzw. der Partnerin (vor und nach der Arbeitszeit) und vieles mehr:

»Du weißt, wenn Melanie aus der Schule kommt, kümmern wir uns ganz um sie. Wir möchten doch hören, was sie erlebt hat.«

Legen Sie auch Zeiten und Orte fest, an denen Sie nicht gestört werden möchten, wie beim Mittagschlaf, auf der Toilette, beim Telefonieren.
Klären Sie vorher und grundsätzlich, was das Kind in dieser Zeit tun kann; üben Sie das gegebenenfalls vorher ein. Bleiben Sie dann konsequent:

»Von zwei Uhr bis drei Uhr möchte ich dann ganz allein sein, ein bisschen dösen, träumen und lesen. Ich akzeptiere nicht, wenn man mich dann stört.«

Achten Sie darauf, dass die Zeit, in der Ihr Kind sich zurückhalten muss, nicht zu lang ist. Es muss absehen können, dass das Telefonat oder die Fernsehsen-

dung oder der Plausch mit der Freundin ein Ende hat. Erklären Sie ihm gegebenenfalls die Dauer vorher oder während der Tätigkeit:
»Ich werde jetzt noch zehn Minuten telefonieren. Ich möchte dabei ungestört sein.«

Stört Sie das Kind bei einer Tätigkeit, so weisen Sie es kurz, freundlich aber bestimmt auf die Abmachung hin oder bitten es zu warten. Wenden Sie sich sofort wieder von ihm ab. Wenn Sie lange Erklärungen geben, sich dem Kind zuwenden oder es gar trösten, hat es den Eindruck, dass sein Stören erfolgreich war – es wird weiter so stören und Ihre Abmachungen waren umsonst.
»Wir haben abgemacht: nicht auf dem Klo – warte bitte draußen. / Ich möchte noch eine viertel Stunde lesen, dann bin ich für dich da.«

Vergessen Sie nicht, das Kind danach zu loben, wenn es erfolgreich auf Sie gewartet hat:
»Das war sehr schön für mich, dass ich in Ruhe telefonieren konnte. Danke, dass du Geduld hattest. Nun bin ich für dich da!«

Halten Sie sich auch selbst an die Abmachungen. Können Sie das Kind einbeziehen, so überlegen und klären Sie dies vorher. Lassen Sie sich nicht mittendrin erweichen; denn dann verstärken Sie das Kind in seinem Verhalten und machen ihm deutlich: „Du brauchst nicht darauf achten, was ich sage, ich halte mich selbst nicht daran, ich lasse mich immer wieder erweichen, du musst es nur fest genug versuchen!"

Überfordern Sie die Geduld Ihres Kindes nicht. Zu lang währenden Einkäufen (bei denen Sie es nicht einbeziehen können und wo Sie vielleicht selbst gestresst sind), zu Besuchen bei Freunden (wo Sie sich in Ruhe unterhalten möchten und das Kind keine Spielkameraden hat) nehmen Sie es natürlich nicht mit. Tun Sie sich und dem Kind solche Situationen nicht an; natürlich hängt es dann an Ihnen und „wird lästig". Es gibt kein „Patentrezept", ein Kind dann „ruhig zu stellen". Das Rezept heißt: frühzeitig so planen, dass das Kind in dieser Zeit anderweitig „aufgehoben" ist.

Nicht nur Ihr Kind muss lernen, Sie loszulassen – auch Sie müssen gleichermaßen lernen, Ihr Kind loszulassen. Es benötigt zunehmend mehr Bezugspersonen. Sorgen Sie dafür, dass es diese hat. Laden Sie Kinder ein; besuchen Sie andere Familien; schließen Sie sich einer „Eltern-Kind-Gruppe" an. Sehr anhängliche Kinder sind oftmals unbeholfen im Umgang mit anderen Menschen. Seien Sie bei ungewohnten, neuen Kontakten zunächst so nahe, wie Ihr Kind Sie braucht, aber üben Sie in kleinen Schritten Ihren „Rückzug", bis es auch für mehrere Stunden ohne Sie sein kann.

Auch dies sollten Sie noch bedenken: Es kommt in der Erziehung immer wieder vor, dass man Kindern etwas sagt, aber mit Gestik und Mimik das Gegenteil ausdrückt. So kann es sein, dass eine Mutter sagt: „Nein, ich habe jetzt keine Zeit", – und ist doch geschmeichelt, dass sie so sehr vom Kind gebraucht und geliebt wird. Kinder spüren dies; und Unausgesprochenes ist wirksamer als jedes Wort. Sie können noch so oft sagen: „Jetzt nicht!" – Wenn Ihr Kind spürt, wie gut Ihnen sein Bedürfnis nach Ihrer Nähe tut, so wird es Ihre Worte nicht ernst nehmen. Tappen Sie nicht in eine solche „Beziehungsfalle". Klären Sie für sich: Schmeichelt es mir, dass mein Kind mich so sehr braucht? Freue ich mich darüber, obwohl ich es manchmal zurückweisen muss? Wann möchte ich, dass das Kind meine Nähe sucht, und wann möchte ich es nicht? Wenn ich es möchte, dann lasse ich es auch zu und drücke meine Freude aus; wenn ich es nicht möchte, mache ich dies deutlich, ohne dass eine „heimliche Freude" mitschwingt.

Lügen:

Müssen wir da frühzeitig vorbeugen ?

Das sollten Sie wissen:

Für Ihr Kind im Vorschulalter

➡ vermischen sich natürlicherweise Realität und Phantasie,
➡ vermischen sich Geschichten, Bilder, Fernsehfilme und eigene Erlebnisse,
➡ wird Realität ungeschehen, indem es sie leugnet,
➡ werden Träume zur Wahrheit, indem es sie behauptet.

Ihr Kind

➡ hat noch viele Erinnerungslücken,
➡ nimmt komplexe Ereignisse nur selektiv (in Ausschnitten) wahr,
➡ vermischt verschiedene Ereignisse zu einer neuen Einheit.

Ein Kind lernt erst zu lügen

➡ aus Angst vor Strafe,
➡ um sich beliebt zu machen,
➡ wenn Eltern immer an seiner Wahrhaftigkeit zweifeln,
➡ wenn Erwachsene es verunsichern,
➡ wenn Erwachsene es mit der Wahrheit nicht so ernst nehmen,
➡ wenn Erwachsene es zwingen, „kleine Geheimnisse" preiszugeben.

Es ist also ganz natürlich, dass Ihr Kind immer wieder etwas berichtet, das nicht so ist, wie Sie (und andere Erwachsene) es wahrnehmen. Dieses Verhalten eines Kindes kann man nicht „lügen" nennen. „Lügen" ist, wenn jemand bewusst die Unwahrheit sagt, um andere zu täuschen und daraus einen Vorteil zu ziehen.

Die Unterscheidungsfähigkeit zwischen Phantasiewelt und Realität entwickelt sich erst zunehmend bis zum Schulalter.

Kinder haben viel Phantasie und gleichzeitig noch eine geringe Merkfähigkeit. Berichtet ein Kind also über ein Erlebnis, so ersetzt es die Erinnerungslücken durch seine Phantasie.

Ist ein Kind von einem Erlebnis in starkem Maße emotional ergriffen, so wird seine Phantasie besonders lebendig. Aus Angst oder Begeisterung wird aus der Mücke tatsächlich, „ungelogen", ein Elefant. Es ist dann seine Angst, Begeisterung oder Freude, die Ihnen das Kind in dieser Weise mitteilen möchte. Eine verständnislose Reaktion in dieser Art ist dann voll daneben: „Erzähl nicht so einen Unsinn!" – „Ach, ein solch großes Tier gibt es doch gar nicht!" – „Nun bleib mal auf dem Teppich, phantasier dir nichts zurecht!" Versuchen Sie seine Emotion zu verstehen. Gelingt Ihnen das nicht, so hören Sie einfach nur zu: »Du hast dich aber erschreckt! / So ein Tier hast du ja noch nie gesehen. / Du bist ja richtig aufgeregt. / Das hat dich aber begeistert.«

Wünscht sich ein Vorschulkind (auch bei älteren Kindern und gar bei Erwachsenen gilt das) etwas sehr, so kann ihm seine Phantasie den Wunsch erfüllen. »Du wünschst dir das aber sehr! / Ja, in deinem Tagtraum ist es Wirklichkeit. / Als ich ein Kind war, konnte ich das auch: mir etwas so sehr wünschen, dass es plötzlich vor mir stand. Na ja, jedenfalls kam es mir so vor.«

Ebenso meint es, etwas wird wahr, indem man es nur fest und wiederholt behauptet. Gehen Sie hier nicht auf Konfrontation. Seien Sie nicht abwertend: „Ach, stimmt trotzdem nicht!" – „Und wenn du es hundertmal behauptest, es wird dadurch nicht wahr." – „Warum musst du denn immer so lügen!" Zumeist brauchen Sie hier nicht verbal zu reagieren. Wenn es allerdings gegen Ihren Willen darauf besteht, dass Sie seine Sichtweise annehmen und ihm zustimmen, so nehmen Sie der Situation die Spitze: »Merkst du, unterschiedliche Menschen nehmen gleiche Sachen oft unterschiedlich wahr! Deshalb brauchen wir uns jetzt nicht zu streiten. / Ich sage doch nicht, dass du lügst; denn mit einem solchen Vorwurf bin ich ganz vorsichtig. Ich habe oft erlebt, dass zwei Menschen eine Sache ganz unterschiedlich sehen und dann behaupten, der andere würde die Unwahrheit sagen. Genauso ist es jetzt bei uns, wir sehen die Sache unterschiedlich. – Und wie können wir uns jetzt einigen?«

Möchte das Kind etwas nicht wahr haben, so verschließt es die Augen davor, und schon ist es weg. Ähnlich meint es dann: „Was man leugnet, gibt es nicht!" Das sind für ein Kind ganz sinnvolle Schutzmechanismen. Mit Humor und Verständnis können Sie es langsam an die Realität heranführen:

»Du bist ja ein kleiner Zauberer! / Das würde ich auch gern können, die Augen zumachen und – schwupp, ist es weg! / Bei Erwachsenen funktioniert das nicht mehr. / Du brauchst dich nicht zu fürchten, komm in meine Arme und dann sehen wir uns das ganz mutig an. / Du möchtest das gerne ungeschehen machen. Komm, wir sehen mal, was sich da machen lässt, vielleicht ist es ja gar nicht so schlimm.«

Zerschlagen Sie die Phantasie des Kindes nicht. Bezichtigen Sie es nicht der Lüge, wenn seine „Phantasie mit ihm durchgeht". Schaffen Sie ihm Möglichkeiten zu träumen – träumen Sie mit ihm gemeinsam, indem Sie Geschichten vorlesen und erzählen. Wenn es seine Phantasie ausleben darf, hilft ihm das, die Realität zu erkennen. Lassen Sie sich Bücher mit geeigneten Phantasiereisen und Traumgeschichten empfehlen.

»Komm, wir träumen zusammen; mach die Augen zu, ich lese dir etwas vor.«

Sie helfen dem Kind, Phantasie und Realität zu unterscheiden, indem Sie selbst hin und wieder erfundene, phantastische Erlebnisse erzählen – wie ein Kind; und danach geben Sie zu, wie es wirklich war, oder Sie lassen sich vom Kind dabei „ertappen", dass Sie nur ein bisschen „rumgesponnen" haben. Vielleicht „klinkt" es sich auch in Ihre Geschichte ein und Sie phantasieren gemeinsam weiter:

»Da ist mir gestern etwas Komisches passiert. Ich wollte gerade die Haustür öffnen, da hörte ich ganz leise meinen Namen rufen. Ich dachte erst, du wärst es. Aber die Stimme war ganz anders: leise und piepsig. „Hallo, Klaus", rief es mehrmals; aber ich sah niemanden. Doch da, ja, da saß doch in der Ecke ein kleiner Maulwurf. „Nimmst du mich mit rein?", fragte er mit piepsiger Stimme. Ich sagte ganz erstaunt ...« (Phantasieren Sie gemeinsam weiter!)

Kommen Sie mit dem Kind zusammen immer wieder auf den Boden der Realität zurück. Es muss wissen, dass es die gefährlichen, phantastischen Wesen, vor denen es sich fürchtet, nicht gibt. Es muss auch erfahren, dass seine Allmachtphantasien, in denen es unbesiegbare Kräfte und unglaubliche Fähigkeiten hat, nur „Träume" sind:

»Phantasierst du auch so gern? Wir Menschen phantasieren gern, das ist schön, denn dann können wir uns vorstellen, wir wären ganz stark und unbesiegbar oder wir wären in einem ganz schönen Land, wo alles ganz anders ist. Aber dann müssen wir auch wieder in die Wirklichkeit kommen. Hier sind wir. Es ist hier doch auch ganz schön, oder?«

Wenn die kindlichen Phantasien zur Prahlerei werden, mit denen es versucht, Anerkennung und Aufmerksamkeit zu erhalten, so ignorieren Sie die Prahlerei. Gehen Sie einfach nicht darauf ein – weder mit anerkennendem Staunen noch mit Zurechtweisungen. Reagieren Sie dann aber sofort wieder, wenn es mit der Prahlerei nachlässt.
Bemerken Sie den Wunsch nach Anerkennung. Geben Sie dem Kind die Möglichkeiten, Erfolg zu haben und sich zu bewähren. Beachten Sie es häufig und loben Sie Handlungen:
»Das kannst du ja schon wie ein großes Kind. / So stark bist du schon!«

Seien Sie maßvoll in den Ansprüchen an Ihr Kind. Überzogene Anforderungen kann es nur in der Phantasie erfüllen. Stellen Sie andere Geschwister nicht als unerreichbares Vorbild hin; unterstützen Sie das Kind dabei, in der Geschwisterreihe einen anerkannten Platz zu finden.

Gehen Sie sehr vorsichtig mit Strafen um; Ihr Kind wird ansonsten versuchen, diese zu vermeiden, indem es Ihnen die Unwahrheit sagt. Kinder lernen auf diese Weise schnell, aus Angst „die Wahrheit zu verstecken".
»Hast du denn Angst vor mir? Du darfst mir doch immer die Wahrheit sagen. Wenn etwas Schlimmes passiert ist, dann überlegen wir gemeinsam, wie wir das wieder hinbiegen.«

Knüpfen Sie Ihre „Liebesbeweise" nicht an gute Leistungen. Ihr Kind muss wissen, dass Sie es grundsätzlich mögen. Es wird sonst versuchen, mit erfundenen Erfolgen Ihre Liebe zu sichern.
»Wir haben dich immer lieb. Egal, ob etwas gelingt oder misslingt, ob du etwas schaffst oder nicht. / Was auch immer passiert, du darfst wissen, dass wir dich auf alle Fälle mögen.«

Handeln Sie nicht willkürlich und launisch. Ihr Kind muss vorhersehen können, wie Sie in bestimmten Fällen reagieren. Legen Sie Regeln und Grenzen fest und seien Sie konsequent und gerecht. Es kann nicht damit umgehen, wenn Sie mal so und mal ganz anders auf sein Verhalten eingehen. In dem Maße, wie Sie „unberechenbar" sind, steigen seine Versuche, Sie durch unbeholfene Unwahrheiten zu manipulieren.

Es will zunehmend kleine Geheimnisse mit Geschwistern und anderen Kindern gemeinsam haben. Drängen Sie es nicht, diese preiszugeben. Zwingen Sie es nicht zu reden, wenn es schweigen will.
Zweifeln Sie nicht regelmäßig an dem, was Ihr Kind erzählt. Wenn Sie grundsätzlich misstrauisch sind, wird das Kind keinen Sinn mehr darin sehen, die Wahrheit zu sagen.

Ganz wichtig ist, dass die Erwachsenen selbst ehrlich sind. Im Umgang mit Kindern kommt es darauf an, diesbezüglich noch genauer zu sein, als wir es üblicherweise oftmals sind. Am Telefon lassen wir uns verleugnen, weil wir gerade keine Lust haben, mit jemandem zu reden. „Sag, ich bin nicht da!", ist für uns keine Lüge, sondern nur eine Umschreibung dessen, dass wir nicht an die Tür oder ans Telefon gehen wollen.
„Die Verwandten und Nachbarn müssen ja nicht alles wissen!", denken wir und weisen unser Kind an, manches „nach außen" anders darzustellen. Erziehen Sie es auch hier zur Ehrlichkeit:
»Manches brauchen die Nachbarn nicht zu wissen, es ist gut, wenn wir unsere kleinen Geheimnisse haben. Bevor wir sie belügen, behalten wir dieses kleine Geheimnis lieber für uns. / Nein, da brauchen wir nichts Falsches zu erzählen. Auch bei anderen Menschen geht nicht alles so glatt, wie sie sich das wünschen. Wir brauchen uns also nicht zu schämen und können ganz ehrlich sein.«

Wir leben mit kleinen Notlügen: „Das Geschäft hat schon geschlossen!" oder: „Heute fällt die Fernsehsendung sowieso aus!", behaupten wir schnell, wenn unser Kind unbedingt etwas kaufen will oder auf eine Fernsehsendung nicht verzichten mag.
Notlügen sind Kindern gegenüber nicht erlaubt; sie zerstören Vertrauen und verhindern, dass es lernt, mit Konflikten ehrlich umzugehen:
»Ja, das Geschäft hat noch geöffnet; aber ich möchte nicht, dass du jetzt Süßes kaufst. / Ja, die Fernsehsendung kommt heute; doch du weißt, wir haben vereinbart, dass du sie nicht siehst; wir kommen sonst mit unserer Zeitplanung wieder völlig durcheinander.«

Raum ✍ für Notizen:

Essen:

Wie kommen wir gegen das Theater beim Essen an ?

Das sollten Sie dazu wissen:

Ein Kind entwickelt Essstörungen, wenn

➡ auf seinen Geschmack keine Rücksicht genommen wird,
➡ es bei der Auswahl der Speisen nicht mitsprechen darf,
➡ beim Essen keine gemütliche Atmosphäre herrscht,
➡ man es zum Essen zwingt,
➡ vor dem Essen zu viel Hektik herrscht,
➡ man ihm nicht genug Zeit zum Essen lässt,
➡ es keine regelmäßigen Essenszeiten gibt,
➡ es zwischen den Essenszeiten zu viel isst.

Die Situation der Nahrungsaufnahme ist beim Kind etwas sehr Sensibles. Daher können sich besonders hier schnell Probleme entwickeln, die sich verschärfen und erhärten, sodass ein „eingefahrener", schwer lösbarer Konflikt entsteht.

Der erste Schritt, die immer wieder gleich ablaufenden Verhaltensmuster zu durchbrechen, ist es, alle negativen Festlegungen zu vermeiden.
Sagen Sie nicht: „Mein Kind isst schlecht!" – „Immer macht es Theater!" – „Mir graut schon jetzt wieder vor der Essenszeit!" oder Ähnliches. Wenden Sie sich nicht schon vorher an das Kind mit Warnungen wie: „Wenn du heut nicht isst, dann ...!" – „Ich will nicht wieder das gleiche Theater erleben!" oder Versprechungen wie: „Wenn du heute gut isst, dann darfst du ...!" Auch neue Regelungen und Versuche belegen Sie bitte nicht gleich negativ, indem Sie diese z.B. so kommentieren: „Heute machen wir dein Lieblingsessen; und wehe, das klappt nicht!" – „Nein, es gibt jetzt keine Süßigkeiten, sonst haben wir beim Essen wieder das gleiche Theater!" – „Jetzt tob dich mal aus, damit du Hunger bekommst!"

Verwandeln Sie den „Kampf" in ein Miteinander: Beziehen Sie Ihr Kind frühzeitig in die Planungen bezüglich des Essens ein. Es kann bei der Aufstellung des Speiseplans mitentscheiden und darauf achten, dass seine Lieblingsspeise dabei auch vorkommt oder es ausnahmsweise etwas anderes bekommt, wenn es Gründe dafür gibt, dass eine Speise eingeplant wird, die es „verabscheut":

»Wir möchten heute doch Gulasch essen; Papa mag es so gern. Ich weiß, du magst es gar nicht. Was hältst du davon, dass ich dann für dich und Dennis Pfannkuchen backe? Das geht schnell, das kann ich gerne tun!«

Wecken Sie das Interesse Ihres Kindes an den Lebensmitteln. Ziel ist, dass Ihr Kind nicht ein „passiver Esser" bleibt. Beteiligen Sie es beim Einkauf der Nahrungsmittel. Es soll die Lebensmittel kennen lernen. Lassen Sie es mit aussuchen, erklären Sie Unterschiede in der Art, im Geschmack, im Preis. Sprechen Sie über den Anbau oder die Herstellung der Waren:

»Sieh mal, diese Spaghettipackung kostet 75 Cent – diese hier doppelt soviel, einen Euro und 50 Cent. Nein, es ist nicht mehr in der Packung. Wir können ja mal beide probieren und sehen, ob die teureren wirklich so sehr besser schmecken.«

Beziehen Sie es ebenso bei der Zubereitung der Speisen mit ein. Es soll Ihnen nicht nur Waren anreichen. Lassen Sie es – auch auf die Gefahr hin, dass mal etwas nicht so gelingt – selbst Erfahrungen sammeln, z.B. beim Portionieren, Zerkleinern, Würzen, Zusammenstellen verschiedener Gerichte. Lassen Sie Ihr Kind Vorschläge machen. Probieren Sie gemeinsam neue Speisen und Zubereitungsmöglichkeiten aus. Sprechen Sie viel dabei, erklären Sie und natürlich loben Sie:

»Da bin ich ja gespannt, wie das wohl schmeckt, was du da gebrutzelt hast. / Du bist schon ein richtiger kleiner Koch!«

Wenn die Zeit es zulässt: Beteiligen Sie Ihr Kind beim Tischdecken und den Überlegungen, welches Geschirr und Besteck jeweils sinnvoll ist, welchen Platz die Teller, Löffel, Messer, Servietten auf dem Tisch bekommen und wie man den Tisch schön herrichten kann:

»Sieh mal, wie schön der Tisch jetzt gedeckt ist!«

Üben Sie z.B., gemeinsam Servietten zu falten – immer wieder mal anders. Motivieren Sie es, Blumen für die Tischdekoration zu pflücken, Untersetzer und Platzdeckchen zu bemalen:

»Komm, wir basteln etwas Schönes für unseren Tisch!«

Lassen Sie das Essen nicht zur „Fütterungszeit" für Ihr Kind werden. Einmal am Tag sollte es möglich sein, dass alle anwesenden Familienmitglieder gemeinsam am Tisch sitzen. Dies macht allerdings nur Sinn, wenn es freiwillig geschieht; machen Sie das Essen also zum gemeinsamen Erlebnis. Vielleicht ist es zum Abendessen möglich, dass immer wieder andere Familienmitglieder das Essen vorbereiten und die Übrigen dazu einladen.

Geben Sie nur kleine Portionen auf den Teller und geben Sie erst nach, wenn es gewünscht wird:
»Mag noch jemand eine Portion?«

Ein kleines Tischgebet, ein Gedichtvers, eine Liedstrophe (gesungen oder vorgelesen) oder zumindest ein „Guten Appetit" ist eine sinnvolle Eröffnung und fördert Ruhe und Gemeinschaftsgefühl. Machen Sie es zum Ritual, dass z.B. erst begonnen wird, wenn alle sitzen und sich einen „Guten Appetit" gewünscht haben.
Bleiben Sie gemeinsam am Tisch, bis alle fertig sind und sich gegenseitig beim Abräumen helfen – wobei natürlich auch hier begründete Ausnahmen erlaubt sein müssen.

Früher sagte man, beim Essen solle man nicht sprechen. Unser Tipp: Reden Sie miteinander; nutzen Sie diese gemeinsame Zeit am Tisch, um sich viel zu erzählen. Doch machen Sie zur Regel: Streit, Aufregung, Vorwürfe haben keinen Platz am Essenstisch; natürlich halten Sie sich auch selbst daran. Diese Regel hat einen ganz natürlichen Sinn – die Verdauungsorgane können nur arbeiten, wenn man entspannt ist:
»Lasst uns darauf einigen: Probleme besprechen wir vorher oder nachher, nicht jedoch beim Essen. Und schon gar nicht zanken wir uns beim Essen. Da nutzen wir die Zeit, um gemütlich miteinander zu plaudern.«

Planen Sie immer wieder einen Nachtisch ein, auf den alle sich freuen. Vielleicht gibt es auch unterschiedliche Kleinigkeiten, von denen jeder nach seinem Geschmack etwas auswählen kann. Das ist kein besonderer Aufwand – bedenken Sie: Was sonst zwischendurch (in viel Hektik und allein) „hineingeschoben" wird, wie Süßes oder Kekse, kann besser hier vernascht werden. Aber auch Pudding, frisches Obst oder Kompott sind sehr beliebt und gesund.

Sorgen Sie schon im Vorfeld für guten Appetit: Feste Essenszeiten sind sinnvoll; lassen Sie bei der Festlegung auch das Kind mitentscheiden und gehen Sie möglichst auch auf seine „Termine" (z.B. Fernsehsendung) ein. Zwischen dem

Frühstück und dem Mittagessen sowie Mittagessen und Abendbrot können noch zwei ganz kleine Mahlzeiten eingeplant werden – sonst wird die Zeit zu lang. Außerhalb dieser Termine gibt es nichts; schon gar nicht kurz vor der angesetzten Essenszeit. Begründen Sie dies nicht negativ, so als sei es eine Strafe: „Hättest du heute Mittag mehr gegessen!" oder eine Erziehungsmaßnahme: „Wenn du jetzt was isst, hast du ja nachher keinen Hunger mehr; dann gibt es wieder das übliche Theater!" Seien Sie auch hier bestimmt und sachlich:

»Eine halbe Stunde müssen wir noch warten, dann ist Essenszeit. / Du weißt, wir essen gleich gemeinsam! / Wir haben abgemacht, dass zwischendurch nichts genascht wird. Ich halte mich auch daran.«

Sprechen Sie keine Drohungen aus wie: „Wenn du jetzt nicht aufisst, dann ...!" – „Du bist selbst dran schuld, wenn du nachher wieder Hunger hast!" – „Komm mir nachher ja nicht damit, dass du was Süßes willst!" Handeln Sie einfach entsprechend der Abmachungen: Wenn zu lange getrödelt wurde, dass keine Zeit mehr bleibt oder alle anderen fertig sind und aufstehen möchten, dann stellen Sie das Essen weg. Es gibt erst wieder zur nächsten Mahlzeit etwas. Wenn das Kind nichts isst (achten Sie auf kleine Portionen), folgt natürlich nicht der Nachtisch. Lassen Sie deutlich werden, dass diese Folgen ganz natürlich sind und nicht Ihrer Laune entspringen. Ihre Zuneigung zum Kind wird dadurch nicht beeinträchtigt:

»Es ist in Ordnung, wenn du jetzt nichts essen magst. Bestimmt hast du dann heute Abend guten Appetit.«

Positive Verhaltensweisen bei Tisch beachten und loben Sie ausdrücklich. Negative Verhaltensweisen beachten Sie ganz bewusst nicht; reagieren Sie darauf nicht und wenden Sie sich sofort ab. Sprechen Sie mit anderen Familienmitgliedern dieses Verhalten ab; denn wenn Kaspern, Matschen oder Nörgeln von anderen Geschwistern verstärkt wird, haben Ihre guten Vorsätze keine Chance:

»Wir müssen hier an einem Strick ziehen. Ich bitte euch sehr, das Verhalten von Benny nicht durch Lachen zu verstärken. Ignoriert es, wendet euch ab!«

Das allgemeine Verhältnis, das Sie zu Ihrem Kind haben, spiegelt sich besonders beim Essen wieder. Hier kann es Macht über Sie ausüben: Es kann sich für Strafen rächen oder Ihre Aufmerksamkeit erzwingen. Lassen Sie sich also nicht verstricken in nutzloses Schimpfen, Drohen, Reden und Zanken. Achten Sie darauf, dass Sie genug Zeit für das Kind aufbringen und Ihr Verhältnis insgesamt partnerschaftlich ist.

Trödeln:

Wie bringen wir unser Kind in Schwung ?

Das sollten Sie dazu wissen:

Ein Kind trödelt, wenn

→ ihm alles zu schnell geht,
→ Eltern zu ungeduldig sind,
→ Eltern zu schnell eingreifen,
→ es verwöhnt wird,
→ es damit erzwingen kann, dass man ihm hilft,
→ es sich auf diese Weise „rächen" kann,
→ es dadurch Zeit für seine Belange erwirken kann,
→ es nur so sein Spiel „verteidigen" kann,
→ es die nächsten „Schritte" einer Handlungsabfolge nicht beherrscht,
→ es damit ein unangenehmes Ereignis verzögern oder gar verhindern kann.

Wenn Sie immer wieder ungeduldig eingreifen und dem Kind eine Aufgabe aus der Hand nehmen, weil es Ihnen „nicht schnell genug geht", lernt Ihr Kind: Man nimmt mir eine Aufgabe ab, wenn ich nur genug trödele.
Mit solchem Eingreifen verhindern Sie, dass das Kind Ausdauer entwickelt. Zudem kann das Kind die Handgriffe nicht erlernen, wenn Sie ihm diese aus der Hand nehmen. Es wird also beim nächsten Mal aus Unsicherheit wieder an dieser Stelle stocken – selbst dann, wenn es gar nicht trödeln möchte. Ungeduld ist also kein Mittel gegen das Trödeln.

Beobachten Sie genau: Bei welchen Handlungen und zu welchen Zeiten trödelt Ihr Kind? Sind es immer die gleichen Handlungen? – Beherrscht es sie vielleicht nicht? Ist es also überfordert? Was geht dem Trödeln voraus? – Ist es vielleicht übermüdet? Was folgt dem Trödeln? – Will es vielleicht ein folgendes Ereignis hinauszögern?

Oftmals handelt es sich bei dem kritisierten Verhalten eines Kindes nicht um Trödeln, sondern es hält sich an einer Stelle lange auf, weil es nicht weiß, wie es die Handlung fortsetzen soll. Es möchte z.B. die Schuhe selbst zubinden und gesteht sich und Ihnen nicht ein, dass es nur noch die ersten Handgriffe kann. Da sitzt es und fummelt an den Bändern, während Sie ungeduldig rufen: „Nun mach schon!" Zeigen Sie Verständnis, statt zu schimpfen oder die Handlung ganz selbst zu übernehmen. Führen Sie die Hand des Kindes so weit wie nötig und erklären Sie diese Handgriffe:

»Ja, das ist schwierig; fasse dieses Band hier an und dieses so. Jetzt legst du es hier herum ... Sehr gut machst du das!«

Bei einer komplexen Handlungsabfolge, die aus vielen kleinen Einzelschritten besteht, verliert ein Kind leicht das Ziel aus den Augen. Fordern Sie vom Kind immer nur einen Schritt nach dem anderen – bis es die gesamte Abfolge sicher beherrscht.
Setzen Sie kleine Ziele, von denen Sie sicher sein können, dass es diese erreichen kann. Motivieren Sie dann jeweils durch Ihr Lob zum Fortfahren der Handlung:

»Das klappt ja wunderbar; und wie geht es jetzt weiter?«

Vielfach wird beim Anziehen getrödelt; denn dies ist eine sehr komplexe und für ein Kind zunächst kaum zu überschauende Handlungskette. Zudem beherrscht es einige „Glieder" dieser Handlungsabfolge, andere dagegen nicht.
Zerlegen Sie diese „Kette". Lassen Sie es zunächst aus wenigen Kleidungsstücken die aussuchen, die es an diesem Tag anziehen möchte. Legen Sie dann die Kleidung in der richtigen Reihenfolge zurecht. Lassen Sie es Teil für Teil anziehen. Loben Sie nach jedem erfolgreichen Abschnitt. Abschnitte, die es allein beherrscht, lassen Sie es auch allein ausführen; bei den anderen gehen Sie geduldig zur Hand:

»Das kannst du jetzt allein! / Komm, dabei helfe ich dir!«

Kann es sein, dass das Kind Unbehagen vor einer folgenden Situation hat und deshalb vorher trödelt? Mag es nicht in den Kindergarten? Dann sprechen Sie mit ihm und den Erzieherinnen darüber. Hat es keine Lust mit zu Ihren Bekannten zu gehen, weil es sich dort sowieso langweilt? Dann sorgen Sie dafür, dass es bei dem Besuch entsprechende Beschäftigung hat oder daheim bleiben kann. Gehen Sie das Problem jedenfalls dort an, wo es seine Wurzel hat:

»Ich habe den Eindruck, du magst heute nicht so gern in den Kindergarten. / Du möchtest gar nicht mit zu Tante Ursel?«

Trödeln kann auch ein Mittel sein, mit dem ein Kind seine Zeiteinteilung verteidigt. Folgt Aufgabe nach Aufgabe, Termin nach Termin, so wird es sich Zeit zum „Rumbummeln" schaffen. Packen Sie den Tag nicht mit Aufgaben zu voll. Sie kennen Ihr Kind. Wenn es Zeit braucht, ohne Ziel zu dösen, so schaffen Sie ihm diese und stellen Ihren Zeitplan vorher darauf ein.

Ein Kind braucht auch Zeit, sich im Spiel zu verlieren; und es muss in der Regel die Möglichkeit haben, ein begonnenes Spiel zu Ende zu führen. Sagen Sie das vorher, wenn Sie es in fünfzehn Minuten zum Essen rufen wollen. Geben Sie dem Kind immer einen Überblick über zeitliche Abläufe und noch vorhandene Zeit. Teilen Sie mit ihm gemeinsam die Zeit ein. Ansonsten wird es natürlich seine Zeiteinteilung durchsetzen wollen; dies kann es am besten durch Trödeln.

»Es ist jetzt noch eine viertel Stunde Zeit bis zum Essen. / In zehn Minuten gehen wir los; es lohnt sich nicht mehr, das Spielzeug herauszuholen. Möchtest du lieber das Bilderbuch ansehen oder etwas ausmahlen? Dafür reicht die Zeit wohl.«

Denken Sie mit, was es in einer befristeten Zeit noch tun kann oder ob später noch Zeit ist, etwas Angefangenes fortzuführen. Teilen Sie mit Ihrem Kind die Handlungen ein:

»Willst du jetzt noch anfangen? Du weißt, du musst dann gleich unterbrechen. Vielleicht legst du dir schon alles zurecht und beginnst nach dem Essen.«

Sie sind die Uhr des Kindes! Ein Tagesplan, den Sie morgens schon dem Kind erklären, bewährt sich. Geben Sie ihm dann im Laufe des Tages immer wieder einen Überblick, wann was geschieht und wie viel Zeit für die einzelnen Ereignisse und Aufgaben zur Verfügung steht. Nur so kann es sein Handeln zeitlich einordnen. Wenn es das Gefühl hat, dass es ohne eigenen Überblick durch den Tag „geschubst" wird, so wird es nur passiv dahinträdeln und Ihnen die Initiative überlassen.

»Es ist vier Uhr; du kannst dir jetzt ganz viel Zeit nehmen. Spiel in aller Ruhe; erst um sechs brauche ich dich wieder. / Es ist in zehn Minuten sieben Uhr; gleich kannst du deinen Film sehen. Dann hilfst du mir, den Tisch zu decken.«

Wenn Ihr Kind den Tagesablauf kennt, soll es auch lernen, sich seine Zeit einzuteilen. Braucht es für eine Handlung länger als geplant, so muss etwas anderes, was es eigentlich gern tun würde, wegfallen. Machen Sie aber deutlich, dass dies nicht eine Strafe für sein Trödeln ist; denn Ihnen tut es auch Leid, dass es nun auf etwas verzichten muss. Der Grund ist, dass die Zeit nicht mehr aus-

reicht und neu geplant werden muss. So lernt das Kind die Zeit als natürliche Grenze kennen und einzuschätzen:
»Wir haben uns verschätzt. Das hat viel länger gedauert. Wir müssen den Rest des Tages neu planen, denn jetzt schaffen wir nicht mehr alles, was wir gerne tun wollten.«

Wenn immer wieder bei den gleichen Handlungen die Zeit knapp wird, so planen Sie beim nächsten Mal mehr Zeit ein. Erklären Sie das dem Kind:
»Das ist jetzt wieder knapp geworden und dann wird es immer wieder hektisch. Wir müssen morgen mehr Zeit dafür vorsehen und etwas anderes wegfallen lassen.«

Wenn sich bei der Planung des Tages zeigt, dass die Zeit knapp wird, dann begründen Sie Ihrem Kind vorher, dass Sie ihm ausnahmsweise etwas aus der Hand nehmen werden, was es eigentlich schon allein kann. So kann es sich darauf einstellen und erlebt Sie nicht als ungeduldig oder ungehalten:
»Heute müssen wir so früh los, da werde ich dich noch einmal ganz anziehen, damit wir das alles schaffen. Wir wollen ja noch zum Arzt und in die Stadt. Morgen haben wir wieder mehr Zeit.«

Das Trödeln des Kindes und das Schimpfen des Erwachsenen ergänzen sich oftmals zum „eingespielten Ritual". Dann versteht der Erwachsene das Mahnen, Schimpfen, Drohen, Fordern als Ansporn, während es für das Kind einfach dazu gehört. Es leidet darunter nicht und lernt auch nicht dadurch.
Wird sich um das Kind ansonsten wenig gekümmert, so versteht es die Ermahnungen sogar als positive Zuwendung: Endlich kümmert sich jemand um mich. Vermisst es Ihre Aufmerksamkeit, weil Sie sich z.B. ganz den kleinen Geschwistern, der Hausarbeit oder einer anderen Tätigkeit widmen müssen, so kann es Sie mit seinem Trödeln gut an sich binden.
Durchbrechen Sie dieses „Ritual", lassen Sie sich nicht durch Trödeln zur Aufmerksamkeit zwingen. Schenken Sie Ihre Aufmerksamkeit aber unbedingt in positiven Situationen. Freuen Sie sich mit Ihrem Kind, seien Sie ausgelassen mit ihm, bewundern Sie seine Basteleien, loben Sie seine Fortschritte. Planen Sie Zeit ein, die Sie mit dem Kind verbringen. Besprechen Sie am Ende eines jeden Tages mit dem Kind, wie befriedigend oder unbefriedigend der Tag diesbezüglich war:
»Ich hatte mir vorgenommen, heute etwas Zeit für dich zu haben. Du hast gemerkt, es ist alles anders gekommen. Wollen wir für morgen Zeit einplanen, in der ich mit dir spiele?«

Aggressiv:
Was tun wir, wenn unser Kind oft haut, kratzt, beißt?

Aggression ist die Kraft, die jemand aufbringt, um gesetzte Ziele zu erreichen und seine Interessen zu verteidigen. Sie ist also im Prinzip eine positive Lebenskraft. Im Streit lernen Kinder, sie zu entwickeln und sinnvoll einzusetzen – also so, dass die eigenen Anliegen vertreten werden, ohne dass jemand anderes körperlich oder seelisch verletzt wird. Es kann daher nicht darum gehen, Streit zu vermeiden, sondern das gesunde Streiten zu lernen.

Dabei spielt die Sprache eine bedeutende Rolle. Denn wenn ein Kind seine Ansprüche und Forderungen, seinen Ärger und Zorn mit Worten ausdrücken kann, so können die Fäuste schweigen. Da die Kleinen gerade sprachlich noch ungeübt sind, greifen sie schnell zu anderen Mitteln. Wenn ein Kind sich derart negativ aggressiv äußert, dass es haut, kratzt, beißt, an den Haaren zieht, so ist es in diesem Lernprozess eindeutig auf einer falschen Fährte.
Denken Sie in diesen Fällen nicht: „Es wird schon sehen, was es davon hat; dann bekommt es halt auch etwas auf die Nase und wird beim nächsten Mal zurückhaltender sein." So sehr ansonsten stimmt, dass Kinder eigene Erfahrungen machen müssen – hier müssen Sie eingreifen. Stoppen Sie solche Aktionen sofort, fassen Sie es fest am Handgelenk, setzten Sie es einen Meter zurück. Die unmittelbare, eindeutige Reaktion mit ernstem Blick und klaren, wenigen Worten ist wichtig. Wird sich handgreiflich um einen Gegenstand gestritten oder dient dieser als Schlagwerkzeug, so nehmen Sie ihn weg. Wenden Sie sich dann auch kurz ab, um Ihren Unmut körperlich auszudrücken:
»So nicht! / Es wird nicht gehauen!«

Wird ein Kind verletzt, so versorgen Sie es natürlich soweit wie nötig. Sie sollten es nun allerdings nicht trösten. Dies ist auch nicht der Augenblick, wo Ihr Kind aus Vorwürfen oder Erklärungen lernt, wie: „Ich hab dir doch schon oft gesagt, dass du nicht hauen sollst!" – „Du weißt, Hauen und Kratzen sind keine sinnvollen Mittel, seine Ziele zu erreichen!" Werden Sie nicht „persönlich" und verallgemeinern Sie nicht: „Du bist aber ein böses Kind!" Nein, Ihr Verhältnis zum Kind wird nicht getrübt; es ist die Handlung, die Sie nicht akzeptieren. Schimpfen Sie nicht und lassen Sie sich nicht zu „Tätlichkeiten" hinreißen; denn sonst lenken Sie die Aufmerksamkeit auf sich und weg von der Handlung. Ein Satz genügt:

»Ich möchte nicht, dass ihr eueren Streit so regelt! / Es wird nicht geschlagen!«

Lassen Sie sich nicht in eine Diskussion darüber verstricken, wer angefangen hat:

»Das will ich nicht hören, einigt euch!«

Bieten Sie Lösungen an, die ein Weiterspielen ermöglichen: Teilen, Abwechseln, Reihenfolge Festlegen, Warten, bis man dran ist. Schlagen Sie die Einigung – und vielleicht auch eine Alternative dazu – nur vor, verordnen Sie diese nicht. Die Einigung muss freiwillig angenommen werden, weil die Aggression ansonsten bei nächster Gelegenheit noch heftiger ausbricht:

»Ich schlage vor, ihr stellt euch hintereinander an die Rutsche. Wenn einer oben losgerutscht ist, kann der Nächste hoch gehen. / Möchtest du dein Spielzeug teilen oder lieber alleine spielen? / Meint ihr, es klappt, dass ihr euch abwechselt?«

Beenden Sie das Spiel – ohne Diskussionen und Vorhaltungen –, wenn der Friede nicht herzustellen ist:

»Ich sehe, es ist jetzt nicht möglich, dass ihr weiterspielt. Bestimmt klappt es morgen besser!«

Nutzen Sie die nächste, ruhige Gelegenheit, um mit Ihrem Kind über den Vorfall zu sprechen. Machen Sie „ohne wenn und aber" deutlich, dass Sie diese handgreifliche Form der Auseinandersetzung nicht tolerieren. Tun Sie dies in ernstem, sachlichem Ton, aber ohne zu schimpfen, ohne das Kind herabzuwürdigen oder andere Kinder als Vorbild hinzustellen – Ihre Ablehnung gilt nur der Tat, nicht dem Kind:

»Nein, es gibt keinen Grund zu kratzen. Wenn Bert immer wieder böse zu dir ist, so müssen wir überlegen, wie wir damit umgehen, ohne ihn zu verletzen.«

Kinder glauben oft, ungerecht behandelt worden zu sein, und möchten dann energisch reagieren. Haben Sie Verständnis dafür und zeigen Sie positive Wege auf, den Konflikt zu lösen:

»Ich verstehe ja, dass du zornig bist, wenn dir jemand deine Lieblingsfigur wegnimmt. Aber dann sag das doch dem anderen Kind: „Ich möchte nicht, dass du mir meine Figur wegnimmst", oder: „Das ist mein Lieblingsspielzeug, das gebe ich nicht ab."«

Üben Sie mit Ihrem Kind im Rollenspiel eine kritische Situation ein. Es soll in seinen Reaktionen durchaus seinen ganzen Ärger und seine Wut deutlich machen – aber eben ohne das andere Kind körperlich oder seelisch zu verletzen, also auch ohne herabsetzende Schimpfwörter:

»Komm, wir üben das mal. Ich spiele den Benny, über den du dich ärgerst. Jetzt sag mir mal kräftig deine Meinung!«

Spielt es mit mehreren Kindern gleichzeitig, so ist es der Situation vielleicht noch nicht gewachsen. Es sollte zunächst Gelegenheit haben, sich auf wenige oder gar nur einen Spielpartner einzustellen. So kann es die „Streitkultur" üben.

Sie kennen Ihr Kind und die Spielkameraden. Wenn verletzende Aktionen üblich sind, so bleiben Sie in der Nähe. Beobachten Sie das Spiel. Wenn Sie sicher sind, dass es gleich zu Handgreiflichkeiten kommen wird, so mischen Sie sich schon vorher ein:

»Ich merke, dich ärgert etwas ungemein. Nein, geschlagen wird nicht. Jetzt müssen wir sehen, wie wir das ohne Hauen, Kratzen, Beißen klären.«

Hören Sie zu; versuchen Sie, das Problem der Kinder zu verstehen, und helfen Sie dann bei der Suche nach einer Lösung:

»Ja, das habe ich verstanden. Und was können wir jetzt tun?«

Sobald Ihr Kind weiß, wie es sich sinnvoll verhalten kann, halten Sie sich zurück. Es soll selbst Erfahrungen machen und sein Verhaltensrepertoire ausprobieren:

»Ihr wisst ja, wie ihr diesen Streit regeln könnt. Ich vertraue darauf, dass ihr das schafft, ohne zu schlagen.«

Nutzen Sie jede Gelegenheit, friedliches Miteinander und gewaltlose Konfliktlösungen zu loben:

»Es freut mich, wie gut ihr teilt.«

Achten Sie darauf, dass Sie nicht so sehr eines oder mehrere Kinder loben. Also nicht: „Du bist aber lieb!" – „Ihr seid aber klasse!" Bekräftigen Sie hingegen das Verhalten:

»Eine klasse Idee! / Sehr gut! / Das macht ihr schön! / Mich freut, wie gut ihr das jetzt regelt!«

Achten Sie darauf, dass es nicht immer wieder zu gleichen negativen Situationen kommt; denn sonst wird ein Kind auf eine bestimmte Rolle festgelegt. Lassen Sie das Kind mit verschiedenen Spielpartnern zusammenkommen. Es sollte mal das jüngste, mal das älteste, mal das schwächste oder auch stärkste Kind sein.

Ist ein Spiel missglückt, so suchen Sie bald eine Möglichkeit, eine gute Situation zu organisieren. Bekräftigen Sie schon kleine positive Schritte:
»Sehr gut! / Wunderbar, wie ihr heute spielt! / Das macht mich sehr froh, wie ihr miteinander klarkommt!«

Lassen Sie das Spiel nicht zu lang werden und die Spielpartner nicht zu müde. Beenden Sie das Zusammensein, wenn es noch schön ist.

Ihr Kind muss Gelegenheit haben, Ihnen von erfreulichen und frustrierenden Erlebnissen zu erzählen. Nehmen Sie sich dafür die nötige Zeit. Es muss jemand zuhören und auch nachfragen, wenn es aus dem Kindergarten kommt, vom Spielplatz, von Freunden. Es soll sich in der Familie geborgen fühlen:
»Na, was gab es heute? / Du siehst ja ärgerlich aus! / Hast du etwas erlebt?«

Schaffen Sie eine Familienatmosphäre, die von gegenseitiger Achtung geprägt ist. Üben Sie selbst mit den anderen Familienmitgliedern und mit dem Kind positives Streiten. Dabei dürfen Sie natürlich auch wütend sein und Ihre eigenen Anliegen energisch vertreten:
»Ich bin so wütend; ich möchte sofort wissen, wer die Seite aus meinem Buch gerissen hat.«

Lassen Sie das Kind miterleben, wenn Sie sich nach einem Streit mit dem Partner oder anderen Familienmitgliedern einigen oder wieder versöhnen:
»O.K., wenn das klar ist, dann können wir uns wieder vertragen. Ich möchte ja nur, dass man meinen Ärger versteht.«

Die negativen Situationen des Tages besprechen Sie mit dem Kind nicht direkt vor dem Schlafengehen oder gar, wenn es schon im Bett liegt; hier erinnern Sie lieber an die schönen Ereignisse und heben diese hervor:
»Ja, da war einiger Streit heute; aber es hat doch auch vieles gut geklappt. / Ich fand richtig gut, wie du Benny die Meinung gesagt hast, ohne ihm weh zu tun. Ich glaube, das hat er verstanden.«

Einnässen:

Wieder mal macht unser Kind ins Bett oder in die Hose !

Auch wenn Ihr Kind mit drei Jahren sauber ist, wird es immer mal wieder „Rückfälle" geben. Es ist z.B. so aufgeregt, dass es einnässt, oder es erreicht die Toilette nicht schnell genug oder kann die Hose nicht schnell genug herunterziehen – schon ist es passiert. Manchmal ist es einfach zu müde, zur Toilette zu gehen.
Gelegentliches Einnässen ist also ganz normal, insbesondere bei Aufregung, Angst, Krankheit, Hektik.

Macht das Kind öfter ein, so sollten Sie ganz aufmerksam sein. Es gibt bei jedem Menschen empfindliche Bereiche, die anzeigen, wenn etwas im Zusammenleben, im seelischen Wohlbefinden oder im Körper nicht stimmt. Bei Erwachsenen sind solche sensiblen Bereiche insbesondere die Konzentration, die Stimme, die Sprache, die Sexualität.
Da treten dann schnell Störungen auf, die signalisieren: Es ist etwas nicht im Gleichgewicht. Diese Bereiche sind also wie ein „Zeiger". Solche Zeiger muss man ernst nehmen. Beim Kind sind diese Zeiger (neben der Sprache) besonders die Blase und der Darm.

Macht ein Kind vermehrt ins Bett oder in die Hose, so kann das auf ganz unterschiedliche Ursachen hinweisen. Jedenfalls sind das Einnässen und „In-die-Hose-machen" in der Regel nicht etwas Willentliches, Bewusstes, um etwa Eltern zu ärgern. Es ist eher Ausdruck ungelöster seelischer Probleme. Daher hilft auch kein Schimpfen, das ist eher nachteilig. Auch das Kind leidet unter seiner Schwäche. Es drückt etwas aus, was es mit Worten nicht sagen kann. Es gilt, den Grund herauszufinden. Sagen kann Ihnen das Kind den Grund kaum; es hat also auch keinen Sinn, es anzufahren, wie: „Jetzt will ich aber endlich wissen, was mit dir los ist!"

Beobachten Sie genau, in welchen Situationen es einnässt bzw. in die Hose macht – was geschieht vorher, was nachher? Was ist der Auslöser? Was ist der Verstärker? Macht es während der Nacht ins Bett, so betrachten Sie genau den

Tag vorher und nachher. Macht es z.B. immer nach oder vor einem anstrengenden Tag ein, nach oder vor dem Zusammenkommen mit bestimmten Personen? Wenn Ihnen auffällt, dass immer wieder gleiche Situationen vorausgehen bzw. folgen, so ändern Sie diese.

Macht es regelmäßig ein, dann beobachten Sie, wann es trocken bleibt – was ging voraus? Welche Personen, Situationen, Tagesabläufe sind förderlich?

Entziehen Sie dem Kind nicht die Zuneigung. Appellieren Sie nicht an das Schamgefühl. Auch das hat keinen Zweck. Bestrafen Sie das Kind auch nicht mit Worten wie „du Bettnässer", „du Stinker", „igitt". Wenn Geschwister das tun, so verhindern Sie es. Nein, das Kind am Urin riechen zu lassen ist auch keine empfehlenswerte Methode. An sein Verantwortungsbewusstsein zu appellieren und auf die Arbeit, die Sie nun damit haben („Ich muss jetzt alles sauber machen!"), ist ebenso ungeeignet.

Bieten Sie keine Geschenke an nach dem Motto: „Wenn du heute trocken bleibst, fahren wir am Wochenende in den Zoo."

Ein guter Weg gegen das Einnässen ist, dem Kind Vertrauen entgegenzubringen und ihm in diesen schweren bzw. peinlichen Situationen ohne Vorwurf beizustehen:

»Ich mag dich natürlich genauso wie vorher. Ich werde dir helfen. Natürlich müssen wir sehen, wie wir das in den Griff kriegen. Aber sicher schaffen wir das!«

Wenn es alt genug ist, soll es mithelfen, sauber zu machen und das Bett zu beziehen. Das Kind zieht sich aus, bringt die Hose in die Waschküche. Dies soll aber nicht als Strafe verstanden werden, sondern es ist die ganz natürliche Folge. Eine Strafe wäre, wenn das Kind nun selbst die Hose oder das Bettzeug waschen müsste; ein solches Vorgehen wäre nicht sinnvoll.

»Komm, wir machen das jetzt sauber; ich helfe dir!«

Verstärken Sie das Einnässen nicht ungewollt. Streicheln Sie es also z.B. nicht direkt nach dem Einnässen. Manche Eltern erschrecken erst und trösten dann das Kind. Jetzt braucht es Ihre sachliche, solidarische, liebevolle Hilfe. Zuneigungsbekundungen durch Streicheln und Schmusen zeigen Sie später, in anderen Zusammenhängen.

Überprüfen Sie zunächst, ob Ihr Kind genug Ruhe hat, Zeit zum Spielen, Zeit mit Ihnen. Wenn ein Kind einen Mangel an Zuneigung verspürt, so merkt es, dass es im Mittelpunkt steht, sobald es in die Hose macht. Machen Sie Ihre Zuneigung zu anderen Gelegenheiten deutlich:

»Komm, wir spielen etwas miteinander. / Ich bin ganz stolz auf dich, du bist ja schon ein so großer Junge.«

Wie ist das mit Ihrem Stress? Kann es sein, dass er sich auf das Kind überträgt? Sie müssen Möglichkeiten der Ruhe für sich selbst finden!
Erlebt es Streit unter den Eltern? Vermeiden Sie beängstigende Auseinandersetzungen in seinem Beisein. Insbesondere, wenn es schon im Bett liegt und schlafen soll, lassen Sie es nicht hören, dass Sie sich noch zanken. Ist es geschehen, so sprechen sie darüber. Lassen Sie es die Versöhnung erleben:

»Du, wir haben uns in letzter Zeit oft gestritten. Du musst dir aber keine Sorgen machen, wir mögen uns noch sehr gern. / Die letzten Abende waren wir sehr unfreundlich zueinander; du hast unseren Streit sicherlich bis in dein Zimmer gehört. Hat dir das Sorge gemacht?«

Wird ein Geschwisterchen erwartet oder ist es schon zur Welt gekommen, so kümmern sich die Eltern natürlich sehr um dieses. Das ältere Kind kann damit nur schwer umgehen, dass die Liebe nun „geteilt" wird. Vergessen Sie dieses Kind nicht; zeigen Sie, dass Sie es auch noch lieb haben, gerade jetzt braucht es das. Sprechen Sie viel mit ihm; erklären Sie, in welcher Weise und warum Sie sich um das Kleine kümmern:

»Ich kümmere mich um unser Kleines, wenn es in die Windel macht. Und bei dir bin ich, wenn du etwas malst. Du bist ja schon groß; du bist mir auch schon eine Hilfe.«

Es gibt Kinder, die möchten nicht gern groß werden; denn als großes Kind muss man auf viele Vorteile verzichten. Da wird man nicht mehr so liebkost und eben auch nicht mehr sauber gemacht. Die warme Nässe in der Hose bzw. im Bett wird von Kindern dann als angenehm empfunden, wenn Sie unter einem Mangel an Nähe und liebevoller Wärme leiden. Es muss sich für das Kind lohnen, das Babysein aufzugeben. Erkennen Sie seine Fortschritte lobend an. Liebe ersetzt das Wohlgefühl der Nässe:

»Ich bin ganz stolz darauf, was du schon alles kannst! / Es ist ein Wunder, wie schnell du ein großes Mädchen geworden bist!«

Wenn das Kind auf etwas verzichten muss, so begründen Sie dies nicht damit, dass es ja schon groß ist. Sagen Sie z.B. nicht: „Du bist ja schon groß, jetzt

kannst du allein ins Bett gehen, du brauchst mich nicht mehr!" Sie verleiten es sonst dazu, „wieder klein" zu sein, um sich Ihre Liebe zu sichern:
»Heute kann ich dich mal nicht ins Bett bringen; ich bin sicher, das verstehst du.«

Immer wieder spielt die Geschwisterkonstellation bei der Sauberkeitserziehung eine wichtige Rolle. Kann es mit den Älteren nicht konkurrieren, die ja schneller, besser, klüger sind, so zieht es sich leicht in die Babyrolle zurück. Denn es weiß, da bekam es die nötige Anerkennung ohne diesen Leistungsdruck. Gehen Sie darauf nicht ein. Behandeln Sie es nicht wie ein Baby. Aber geben Sie ihm den nötigen Rückhalt:
»Ihr seid alle unterschiedlich; und ein jedes von euch hat andere Fähigkeiten. Gern habe ich euch alle gleich.«

Auch im Vorschulalter gibt es schon „sexuelle Probleme". Ist es unaufgeklärt, hat es unbeantwortete Fragen zur Sexualität, zum Unterschied zwischen Mädchen und Jungen, wird verständnislos oder strafend auf die Doktorspiele oder die Selbstbefriedigung reagiert, so zieht Ihr Kind sich gegebenenfalls in den Schutz des Babyseins zurück. Denn da hatte es die Probleme noch nicht; so kann es vermeintlich wieder ohne die Konflikte leben.

Alles das, was die Seele belastet, kann sich also auf die Blase oder den Darm niederschlagen: Ängste, Unsicherheiten, Heimweh, Misserfolge, Konflikte in der Familie, Scheidung der Eltern, die Angst, verlassen zu werden.

Besprechen Sie mit der gesamten Familie die Situation. Machen Sie deutlich, dass dieses „Sauberkeitsproblem" alle betrifft und nur gemeinsam angegangen werden kann. Ziel muss sein, die gesamte Situation der Familie zu klären und zu beruhigen:
»Wir schaffen das gemeinsam.«

Nässt es nachts ein, so sorgen Sie dafür, dass vor dem Schlafengehen keine Aufregung herrscht. Schaffen Sie eine angenehme Gute-Nacht-Atmosphäre und ein Einschlafritual, das dem Kind Geborgenheit gibt.

Es sollte: am Abend nicht zu viel trinken, als Teil des Gute-Nacht-Rituals noch einmal auf die Toilette gehen und nachts eine schwache Lichtquelle vorfinden, die den ungehinderten Weg zur Toilette ermöglicht.

Bei anhaltendem nächtlichen Einnässen über das Vorschulalter hinaus wird von der Verhaltenstherapie auch die sogenannte „Klingelmatratze" eingesetzt. Dabei handelt es sich um einen Weckapparat. Bei den ersten Tropfen von Urin im Bett wird ein Klingelton ausgelöst. Dieser weckt das Kind – es spürt den Blasendruck und kann zur Toilette gehen. Dies führt bei sachgemäßer Anwendung dazu, dass das Kind nach einer gewissen Behandlungsdauer von selbst aufgrund des Blasendruckes wach wird. 70 – 80 % der „chronischen" Bettnässer können so geheilt werden. Diese Methode ist natürlich nur zu empfehlen, wenn alle Ursachen ergründet sind und alle natürlichen Versuche fehlgeschlagen sind. Sie gehört in die Hand von speziell ausgebildeten Psychologen und Medizinern.

In den letzten Jahren haben Mediziner erforscht, dass Bettnässen auch aufgrund einer hormonellen Störung verursacht sein kann: Bettnässern fehlt oft das Hormon ADH (Anti Diurese Hormon) bzw. sie weisen einen Mangel an diesem Hormon auf. Dieses Hormon sorgt dafür, dass der Körper in der Nacht den Urin konzentriert und dadurch die Harnmenge verringert wird. Es kann in synthetischer Form als Nasenspray oder Tabletten verabreicht werden. Allerdings erklärt diese Erbkrankheit nicht, warum solche Kinder nachts nicht durch den Blasendruck aufwachen.

Raum für Notizen:

Nägelbeißen:
Gibt es dagegen ein Mittel ?

Beißt Ihr Kind nur gelegentlich aus Unsicherheit oder Anspannung auf den Nägeln, so sollten Sie dies unbeachtet lassen. Es ist ganz natürlich.
Kaut es dagegen regelmäßig, zwanghaft die Nägel ab, steckt dahinter sicherlich eine unbewältigte Anspannung und Sie sollten Ihrem Kind helfen.

Kinder ziehen aus dem Nägelbeißen ein Gefühl der Entspannung und des Erfolges. Denn der Nagel ist zunächst hart und widerspenstig; da ist das Kauen anstrengend und anspannend – bis der Nagel dann endlich nachgibt und man Erfolg und Entspannung genießen kann.

Schimpfen und dem Kind Vorhaltungen machen haben hier nur negative Wirkungen. Die Hand vom Mund reißen oder einen Klaps versetzen sind ebenso ungeeignete Methoden. Wenn Sie ein gewichtiges Problem daraus machen, so verstärken Sie die Verhaltensweise.

Ein sinnvoller Weg gegen das Nägelbeißen ist der, dem Kind andere Möglichkeiten der Anspannung und Entspannung zu eröffnen.

Nehmen Sie die Hand, auf der es verbissen kaut, verständnisvoll in Ihre Hand:
»Du bist ja heute sehr angespannt.«

Nehmen Sie die Hand, an der es entspannt kaut, liebevoll in Ihre Hand:
»So schön ist das Kauen?«

Versetzen Sie sich in das Kind; kaut es verbissen, sucht es den Widerstand, so bieten Sie ihm eine Möglichkeit, diese Anspannung sinnvoll zu erleben. Reizen Sie es, mit Ihnen die Kräfte zu messen; ziehen Sie es direkt in ein Spiel, bei dem es Widerstand spürt und ihn brechen kann:
»Komm, wir machen einen kleinen Ringkampf. / Wer kann fester drücken?«

Bieten Sie schöne, sinnvolle Entspannung an:

»Komm, wir hören deine Lieblingskassette an.«

Geben Sie ihm die Möglichkeit, Anspannung zu spüren, der dann die Entspannung folgt:
»Wer kann lauter schreien? / Wer kann den Ton am längsten anhalten? / Wer ist zuerst an der Laterne dort?«

Geben Sie dem Kind häufig Gelegenheit, die Dynamik von Anspannung und Entspannung zu erleben, verstricken Sie es in kleine Wettkämpfe; lassen Sie es toben und machen Sie mit. Lenken Sie gelegentlich die Wahrnehmung bewusst auf die körperlichen Empfindungen:
»Wenn du jetzt gegen meine Hand drückst, welche Muskeln spannen sich an? Spürst du es? Die Hand, der Arm, selbst die Beine sind ganz angespannt; sogar deine Kiefer sind ganz angespannt – so fühlt sich Anspannung an. Das fühlt sich doch gut an. Du bist so stark! / Wenn wir uns jetzt erschöpft auf den Boden legen – spürst du, wie ganz anders die Muskeln sind? Das ist Entspannung, das ist ganz anders als die Anspannung; das ist doch auch ein schönes Gefühl!«

Achten Sie darauf, dass die Anforderungen, denen es ausgesetzt ist, nicht zu hoch sind; es muss Erfolgserlebnisse haben.

Engen Sie den Tätigkeitsdrang, das Bedürfnis nach Bewegung und Erforschung seiner Möglichkeiten nicht so sehr ein. Es muss Gelegenheiten geben, wo das Kind sinnvoll toben, „kämpfen“, matschen, klettern, balancieren, basteln, bauen, zerstören und zerreißen kann.

Ebenso muss es Gelegenheit haben, sich zu entspannen – unter der Dusche, im warmen Bad, auf dem Boden liegend, beim „Vorlesen“, beim Malen, beim Kuscheln.

Seine Fähigkeiten und Erfolge müssen beachtet, gelobt und „gefeiert“ werden. Nutzen Sie jeden Anlass dazu.

Immer wieder werden wir auch gefragt, ob ein Medikament oder die bittere Flüssigkeit, die man auf die Fingernägel streicht, eine sinnvolle Methode gegen das Nägelbeißen ist. Unsere Antwort:
Üblicherweise ist das Nägelbeißen ein Symptom für eine angespannte Situation, in der sich das Kind befindet. Da ist es nicht gut, wenn man mit Medika-

menten nur das Symptom angreift, ohne sich um die tiefer liegenden Ursachen zu kümmern. Beachten Sie also auf alle Fälle das, was wir hier zum Thema ausgeführt haben.

Es kommt allerdings auch vor, dass die Ursache (der psychische Konflikt) schon nicht mehr vorhanden ist und das Verhalten (das Nägelbeißen) sich „verselbstständigt" hat und nur noch als bloße „Angewohnheit" weiter getragen wird. Da können solche Arzneien hilfreich sein. Besprechen Sie aber dazu die Situation Ihres Kindes mit den Erzieherinnen.

Raum für Notizen:

Sprachprobleme:
Müssen wir uns Sorgen machen ?

Ein Kind lernt erst langsam, Zunge, Mund, Lippen, Kehlkopf zu koordinieren. Zudem muss es sich dabei noch an die richtigen Worte erinnern, zwischen verschiedenen Möglichkeiten auswählen – und das soll alles sehr schnell gehen, da es ja ein großes Mitteilungsbedürfnis hat. In diesem Prozess des Spracherwerbs klappt natürlich nicht alles auf Anhieb.

Besonders im dritten Lebensjahr macht die Sprachentwicklung rasante Fortschritte. Dazu ist es wichtig, dass Kinder viel sprechen und Menschen um sich haben, die sich gerne und mit Geduld mit ihm unterhalten.
Spricht Ihr Kind wenig oder vermeidet es das Sprechen in Gegenwart mancher Menschen, dann stimmt etwas nicht. Der Mangel liegt aber eher in der Umgebung als beim Kind selbst. Kinder haben eigentlich eine natürliche Freude am Reden, die allerdings durch Misserfolg, ungeduldiges Drängen oder Gleichgültigkeit der Erwachsenen beeinträchtigt wird.

Gerade beim Spracherwerb gilt in besonderem Maße: Geduld haben und ganz natürlich bleiben. Ihr Drängen oder Ihre Ängste beeinträchtigen seine Sprachentwicklung; denn die Stimmbildung ist seelischen Beeinflussungen in besonderem Maße ausgesetzt. Sie dürfen getrost sein: Wenn Ihr Kind keine körperlichen Mängel hat – Fehlbildung der Sprachorgane oder Hörschäden –, so wird es das Sprechen auf ganz natürlichem Wege gut lernen.

Viel mit dem Kind zu sprechen und es dabei nicht einzuengen ist aus mehreren Gründen wichtig: Sprache und geistige Entwicklung hängen eng zusammen. Auch auf das soziale Verhalten wirkt sich die Sprache aus. Sprachlich unsichere Kinder sind zurückhaltender, weniger selbstständig und neigen schneller zu negativen aggressiven Verhaltensweisen.

Reagieren Sie in keinem Fall ungehalten: „Kannst du denn nicht richtig sprechen?" – „Das heißt nicht Humd, sondern Hund; wie oft soll ich dir das denn noch vorsprechen?!" Zwingen Sie das Kind nicht, Worte immer wieder und wieder nachzusprechen. Es wird ansonsten demnächst bei diesen Worten stocken oder versuchen, sie ganz zu vermeiden.

Zeigen Sie, dass Sie es verstanden haben, und sprechen dabei das Wort richtig aus. Vielleicht können Sie es auch gleich mehrfach in den Satz einbauen – ohne es allerdings vorwurfsvoll oder „besserwisserisch" zu betonen:
»Ja, das ist ein Hund; das ist ein großer Hund. So einen Hund möchtest du auch gerne haben? Das ist ein schöner Hund!«

Beobachten Sie Ihre sprachlichen Reaktionen. Wenn diese oft mit Verneinungen wie „nein", „ach", „nicht doch", „so nicht", „das heißt nicht", „das ist kein" beginnen, so beeinträchtigen Sie die sprachliche Entwicklung des Kindes mit Sicherheit! Motivierende Sätze beginnen so:
»Ja! / Aha! / Ach so! / Ich verstehe! / Schön! / Gut! / Bravo! / Tatsächlich?«

Das Mitteilungsbedürfnis der Kleinen ist oftmals so groß, dass sie schneller reden wollen als können. Der Sprechapparat kommt mit den Gedanken nicht mit. Haben Sie gerade in solchen Situationen Geduld. Wenn Sie Ihr Kind oft unter Druck setzen, entwickelt sich schnell eine kleine Sprachstörung. Schauen Sie es freundlich an und zeigen Sie ihm, dass Sie Zeit haben und es sich somit auch Zeit nehmen kann:
»Ja, ich höre. / Komm, wir setzen uns erst mal hin, und dann erzählst du mir das in Ruhe; ich bin ganz neugierig.«

Sprachhemmungen können sich verstärken, wenn Sie zu oft gar nicht zuhören. Haben Sie gerade keine Zeit, dann sagen Sie es freundlich, aber deutlich, und geben einen für das Kind überschaubaren Zeitraum an, den es sich noch gedulden muss. Halten Sie sich aber an Ihre Aussage und schenken Sie ihm dann Ihre volle Aufmerksamkeit:
»Du, ich telefoniere gerade und möchte jetzt nicht gestört werden! Gedulde dich bitte fünf Minuten, dann höre ich dir zu!«

Wichtig ist grundsätzlich der positive, begeisternde oder partnerschaftliche Ton Ihrer Worte. Natürlich dürfen Sie auch brummig, schroff, aufbrausend sein, wenn Ihnen danach ist. Das gehört zu den Gefühlen des Menschen; dies soll das Kind durchaus lernen. Doch das ist hoffentlich nicht Ihre vorherrschende Gefühlslage – wenn doch, so müssen Sie daran arbeiten; denn motiviert wird ein Kind durch positive Stimmung.

Singen hat sich gut bewährt, um sprachlichen Ausdruck zu schärfen; üben Sie einfache Lieder mit Ihrem Kind.

Sprechen Sie einfache Gebete am Abend gemeinsam. Aber auch für das Singen und Beten gilt: Es muss Freude machen. Es darf nicht aufgesetzt, zwanghaft oder gar mit Vorwürfen verbunden sein. So ist es voll daneben: „Damit du endlich mal richtig sprechen lernst ...“

Das Kind spricht natürlich nicht so vollständig wie ein Erwachsener: „Da, Hund!“ – „Schön, Katze!“ – „Kind lacht!“ So bildet es zunächst die Sätze. Beginnen Sie nicht, ebenso zu sprechen in der Annahme, das Kind verstehe Sie dann besser. Sprechen Sie ganz normal, aber langsam und deutlich. Formulieren Sie bewusst ganze Sätze mit zumindest Subjekt, Prädikat, Objekt:
»Ja, das Kind lacht. Es freut sich über den Hund.«

Im dritten Lebensjahr lernt ein Kind schrittweise den Gebrauch von Konjunktionen (und, weil, oder). Auch verschiedene Zeiten wie Gegenwart, Zukunft, Vergangenheit kann es sprachlich darstellen. Nutzen auch Sie bewusst die Vielfalt der Sprache; denn gleichzeitig mit der Formulierung von komplexen Sätzen lernt das Kind Zusammenhänge zu begreifen, Ursache und Wirkung zu erkennen, Phantasie und Wirklichkeit zu unterscheiden und verschiedene Zeiten sprachlich zu fassen. Das sind bedeutende Schritte im Entwicklungsprozess.
»Wenn du dich freust, lachst du auch so schön! / Ja, ich wasche den Apfel jetzt ab, damit er richtig sauber wird und wir ihn essen können. / So eine große Maus hast du gesehen? Weißt du, wenn da plötzlich eine Maus ist, kommt sie einem viel größer vor, als sie wirklich ist; ich bin sicher, sie war viel kleiner – aber bestimmt ganz niedlich!«

Tun Sie viel mit dem Kind gemeinsam und begleiten Sie die Handlungen mit Worten. So kann das Kind gleichzeitig sehen und hören:
»Jetzt kneten wir den Teig, damit alle Zutaten gleichmäßig verteilt werden. Sonst hast du plötzlich nur Mehl im Mund, das wäre zu staubig. Jetzt schieben wir ihn in den Backofen, und in einer Stunde wird der Kuchen fertig sein. Bevor wir ihn essen können, muss er dann allerdings noch kalt werden.«

Ihr Vorbild ist bei der Sprachentwicklung von herausragender Bedeutung. Wenn Sie das Kind ansprechen, so wenden Sie sich ihm möglichst direkt zu, damit es an Ihrem Beispiel die Stellung der Lippen und der Zunge erkennen kann. Es gibt genügend Gelegenheit, dass dies ungezwungen geschehen kann – ohne Belehrungen, Ermahnungen und Vorhaltungen.

Die Annahme, ein Kind lerne gut sprechen, wenn es viel fernsieht, ist völlig falsch. Untersuchungen belegen, dass ein Kind Handlungen und auch Sprache erst im direkten Umgang erlebt haben muss, um sie auf dem Bildschirm zu verstehen.

Lesen Sie oft etwas vor und motivieren Sie zu gemeinsamen Spielen, bei denen viel miteinander gesprochen wird. Ideal sind Rollenspiele. Märchen und kleine Geschichten können mit verschiedenen Rollen nachgespielt werden; die Rollen können aber auch aus dem Stehgreif erfunden werden, wie:

»Du bist ein Autoverkäufer und willst mir den Rennwagen verkaufen! / Du bist ein kleines grünes Monster von einem anderen Stern und erzählst mir von deiner Heimat! / Ich bin in ein Tier verzaubert und versuche dir mit Gesten und Mimik beizubringen, wer ich eigentlich bin.«

Wenn Sie eine Verkleidungskiste (mit alten Kleidern, Hüten, Kostümen) bereit haben, machen die Rollenspiele noch mehr Spaß. Wenn eines der Kinder Sie auf Video aufnimmt, kommt beim gemeinsamen Ansehen richtig Freude auf:

»Komm, wir drehen einen Film!«

Sorgen Sie dafür, dass das Kind mit unterschiedlichen Erwachsenen Kontakt hat. Die Vielfältigkeit der Worte, der Sprechweise und der ganzen Ausdrucksart erweitern sein sprachliches Repertoire.

Sprechen Sie zum Kind, während Sie etwas miteinander unternehmen; aber schaffen Sie auch ruhige Momente am Wochenende oder nach Feierabend, um etwas vorzulesen, eine Geschichte zu erzählen oder sich vom Kind die Erlebnisse des Tages oder der Woche erzählen zu lassen. Diese Zeiten sind besonders wichtig. In der Hektik des Tages rauschen Worte oft nur oberflächlich dahin; was in Ruhe und in entspannter Atmosphäre gesprochen wird, findet eher den Weg ins Gedächtnis.

Unanständige Worte:
Sollen wir die verbieten ?

Oft hat ein Kind ein Wort aufgeschnappt (vielleicht an der Mimik und Gestik, als es gesprochen wurde, wahrgenommen, dass es ein „besonderes" Wort ist) und wiederholt es einfach. Die Reaktion der Umwelt ist es in der Regel, an der dem Kind deutlich wird, dass es mit diesem Wort „etwas bewirken kann". Dabei spielt es für das Kind keine besondere Rolle, ob es damit Erstaunen, Belustigung oder Ablehnung provoziert. Es ist dann nur spannend, immer wieder zu testen, wie wohl auf seine Worte reagiert wird.

Verbieten Sie die Worte nicht. Durch Strafen fördern Sie eher den Gebrauch; das Kind lernt dadurch, dass es Sie damit reizen kann, dass es Macht über Sie hat und dass es damit zeigen kann, wie groß oder klug oder selbstständig es schon ist.

Lachen Sie nicht, schimpfen Sie nicht – überhören sie diese Worte einfach. Das ist der beste Weg, dass Ihr Kind das Interesse an schlechten Worten und Sätzen verliert. Umso kräftiger Sie bisher reagiert haben, wird das Kind jetzt versuchen, Sie zu provozieren; es hat ja gelernt, dass es klappt, wenn man nur hartnäckig genug ist. Lassen Sie sich nicht reizen, wechseln Sie einfach das Thema. Halten Sie das durch; wenden Sie sich ggf. auch kommentarlos ab, um Ihr Desinteresse zu unterstreichen.

Sprechen Sie mit den anderen Familienmitgliedern und Kontaktpersonen dieses Vorgehen der Nichtbeachtung ab. Nur wenn das Kind keine Verstärkung mehr erhält, wird dieses Verhalten „gelöscht":

»Wir müssen an einem Strang ziehen; bitte beachtet das Verhalten nicht. Es ist nicht gut, wenn ihr Freude zeigt oder gar über diese Worte lacht; er (sie) muss doch merken, dass damit keine Anerkennung zu gewinnen ist. Mit diesen Reaktionen und dieser Beachtung schaden wir ihm (ihr) sehr.«

Sprechen Sie auch über die Bedeutung der Worte. Lassen Sie Ihr Kind erklären und erläutern Sie ihm ggf. die Bedeutung und Unanständigkeit benutzter Worte. Scheuen Sie nicht zurück, vulgäre und sexbezogene Worte, die es aufschnappt, zu erklären:

»Weißt du denn, was das Wort bedeutet? / Ich möchte dir gern erklären, was es heißt.«

Machen Sie ihm freundschaftlich deutlich, dass es damit ganz unangenehm auffällt. Erklären Sie auch, dass vulgäre Ausdrücke das Gefühl mancher Menschen verletzen:

»Ich glaube, du merkst nicht, dass du dich mit diesen Worten bei vielen Menschen sehr unbeliebt machst; das ist doch zu schade. / Ich weiß, dass sich die meisten Menschen vor diesen Worten ekeln, obwohl sie erst mal lachen; aber im Stillen denken sie: Warum redet das Kind nur so unanständig?«

Es hat keinen Zweck, die negativen Äußerungen Ihres Kindes nicht zu beachten, wenn Sie selbst, Familienmitglieder oder andere Kinder eine vulgäre Sprache benutzen. Finden andere damit Beachtung, dann wird Ihr Kind immer wieder versuchen, auch damit erfolgreich zu sein:

»Wir müssen mit gutem Beispiel vorausgehen; wenn er (sie) hört, dass wir so sprechen, dass wir das gut finden und darüber lachen, kann er (sie) es uns doch nur nachmachen. Wir müssen hier unsere Verantwortung sehen. Lasst uns in der Wortwahl vorsichtiger sein; erinnern wir uns gegenseitig daran, wenn uns solche Worte wieder rausrutschen.«

Die gesamte „Sprachkultur" in Ihrer Familie ist von Bedeutung. Seien Sie selbst mit Sprache und Wortwahl ein Vorbild. Gegenseitige Achtung und Anerkennung sollten den Umgangston in der Familie bestimmen; positives Reden über andere Menschen sollte eindeutig überwiegen. Beteiligen Sie sich nicht, wenn über andere Menschen „hergezogen" wird. Haben Sie den Mut, zu widersprechen oder Gutes zu sagen, wo mit üblen Worten andere Menschen herabgesetzt werden:

»Ich kann ja verstehen, dass ihr den nicht mögt; aber müsst ihr denn mit solchen Worten über ihn reden? Damit setzt ihr euch selbst ins Unrecht und dann könnt ihr auch nicht mehr gerecht urteilen.«

Mit zunehmendem Alter werden Ausdrucksformen nicht nur durch die Familie, sondern auch durch das Fernsehen (Video) und den Freundeskreis mitbestimmt. Sicherlich müssen Sie bedenken, welche Sendungen gesehen werden (machen Sie sich sachkundig, wie eine sinnvolle „Medienerziehung" geschehen kann) und mit welchen Kindern Ihr Kind Umgang hat. Doch mehr als das Verbieten ist auch hier die liebevolle, fördernde, aufklärende, deutliche Begleitung hilfreich. Erklären Sie auch hier, warum Sie auf eine Sprache Wert legen, die den anderen Menschen und seine Gefühle achtet. Setzen Sie ggf. deutliche Grenzen:

»Merkst du auch, wie böse er (sie) redet? / Mit solchen schäbigen Worten verletzt er (sie) die Gefühle anderer Menschen. / Du solltest dir auf keinen Fall ein Beispiel daran nehmen! / Ich habe den Eindruck, er (sie) redet so, weil andere dann lachen – ich glaube nicht, dass er (sie) weiß, welchen Unsinn er redet.«

Raum für Notizen:

Frank Maibaum im J. F. Steinkopf Verlag:

Das Gottesdienstbuch

2. überarbeitete Neuauflage 1999,
128 Seiten, kartoniert, ISBN 3-7984-0742-8

»Das Gottesdienstbuch« bietet – auch interessierten Laien – alles Wissen, das zum Verständnis und zur Gestaltung evangelischer Gottesdienste gehört:

»In übersichtlicher, gut lesbarer Weise erläutert der Autor alle gottesdienstlichen Elemente in ihrer Bedeutung und ihrem liturgischen Ort. Gleichzeitig werden viele Anregungen für individuelle Gestaltungen vermittelt. Baukastenartig lassen sich dabei die Vorschläge zusammensetzen und bieten so die Möglichkeit einer eigenen Entfaltung des Gottesdienstes. ... Frank Maibaums Arbeitsbuch eignet sich hervorragend für Gottesdienstvorbereitungs- und Gesprächskreise.« (botschaft aktuell)

Das Zeitbuch

1999, 120 S., kart., ISBN 3-7984-0749-5

Ein neues Jahrtausend hat begonnen. Bedeutet das nur eine neue Zahl – oder vielleicht auch eine neue Zeit? Doch was ist überhaupt »die« Zeit? Nichts ist so objektiv messbar und subjektiv fühlbar zugleich wie sie. Sie zieht Verstand und Gefühl gleichermaßen in ihren Bann. Im »Zeitbuch« geht es um beide Seiten: Einerseits wird die Entwicklung der Zeitmessung durch die Jahrtausende und die Geschichte unseres Kalenders thematisiert. Andererseits bezeugen meditative Texte des Autors die Empfindungen von Menschen im Ringen um die Zeit, um ein erfülltes Leben und eine friedliche Zukunft. Die Leser des Zeitbuches gelangen so über die Historie zum eigenen Ich.

Frank Maibaum & Verena Schmidt:

Das Traubuch

Der praktische Ratgeber
für die kirchliche Hochzeit

*»Eine Hochzeit mit diesem Traubuch gestaltet
und das Fest beginnt nicht erst nach der Kirche.«*
(WDR)

*2. Auflage 2000,
100 Seiten, kartoniert, ISBN 3-7984-0748-7*

Frank Maibaum / Verena Schmidt

Das Traubuch

Der praktische Ratgeber
für die kirchliche Hochzeit

J. F. Steinkopf Verlag

Die Hochzeit zählt zu den zentralen Ereignissen im Leben vieler Menschen. Daher wird sie lange und intensiv vorbereitet: von der Terminfindung über die Gästeliste bis zur Wahl des Brautkleides. Doch einem der Höhepunkte des Festes, der kirchlichen Trauung, stehen die Paare oft hilflos gegenüber. Sie neigen zur Passivität und verlassen sich auf die Geistlichen.

Hier hilft »Das Traubuch«. Auf leicht verständliche Weise erklärt es dem Brautpaar Ablauf und Bedeutung der christlichen Hochzeit. Es zeigt, wie das Paar sowie Freunde und Verwandte aktiv werden können: Vom Schmücken der Kirche über die Begrüßung und das Eheversprechen bis zum Schluss-Segen sind viele Gestaltungshilfen enthalten. Zusätzlich bietet ein praktischer Anhang zahlreiche Trausprüche aus Bibel und Literatur. So wird die kirchliche Trauung zu einem unvergesslichen Fest der Liebe.

»Dem Verfasser und der Verfasserin gelingt es, den Hintergrund und die Bedeutung der einzelnen Schritte auch für Fernstehende transparent zu machen. Die sinnvolle Gliederung ermöglicht dem Brautpaar (für die ja das Buch geschrieben wurde) eine intensive Vorbereitung der Trauung. Liedvorschläge, eine reiche Auswahl biblischer und weltlicher Texte helfen ihnen dabei, den Gottesdienst möglichst persönlich zu gestalten. ... Es wäre zu wünschen, dass viele Gemeinden diese Chance nutzen und das Traubuch den Brautpaaren zur Vorbereitung auf die Hochzeit zugänglich machen würden.« (botschaft aktuell)